福建省"十三五"
名校长丛书

大家学园，汇聚美好

——我的办学思想体系与实践探索

林彩英　著

厦门大学出版社
XIAMEN UNIVERSITY PRESS
国家一级出版社
全国百佳图书出版单位

图书在版编目(CIP)数据

大家学园,汇聚美好:我的办学思想体系与实践探索/林彩英著.—厦门:厦门大学出版社,2021.4

(福建省"十三五"名校长丛书/郭春芳主编)

ISBN 978-7-5615-8174-2

Ⅰ.①大… Ⅱ.①林… Ⅲ.①办学方针—研究 Ⅳ.①G510

中国版本图书馆 CIP 数据核字(2021)第 057985 号

出 版 人	郑文礼	
责任编辑	郑 丹	

出版发行 厦门大学出版社

社 址	厦门市软件园二期望海路 39 号	
邮政编码	361008	
总 机	0592-2181111 0592-2181406(传真)	
营销中心	0592-2184458 0592-2181365	
网 址	http://www.xmupress.com	
邮 箱	xmup@xmupress.com	
印 刷	厦门集大印刷厂	

开本	720 mm×1 020 mm 1/16
印张	12.5
插页	2
字数	218 千字
版次	2021 年 4 月第 1 版
印次	2021 年 4 月第 1 次印刷
定价	58.00 元

本书如有印装质量问题请直接寄承印厂调换

厦门大学出版社
微信二维码

厦门大学出版社
微博二维码

◎ 总　序

　　"百年大计，教育为本；教育大计，教师为本。"教师队伍建设是教育质量提升的关键。2018年，中共中央、国务院印发《关于全面深化新时代教师队伍建设改革的意见》，吹响了新时代教师队伍建设改革的集结号，提出教师队伍建设改革的目标是"到2035年，教师综合素质、专业化水平和创新能力大幅提升，培养造就数以百万计的骨干教师、数以十万计的卓越教师、数以万计的教育家型教师"。福建省委、省政府牢记习近平总书记"福建没有理由不把教育办好"的殷切嘱托，以高度责任感、使命感，坚持教育优先发展，始终将建设一支师德高尚、业务精湛、结构合理、充满活力的高素质专业化教师队伍作为基础工作，出台了一系列政策措施，激发广大教师投身教育综合改革的积极性、主动性、创造性。福建省教育厅为打造基础教育高层次领军人才队伍，实施"强师工程"核心项目——中小学名师名校长培养工程，旨在培养一批在省内外享有盛誉的名师名校长，促进我省教育高质量发展。

　　"十三五"期间，福建教育事业紧紧围绕"新时代新福建"发展战略，坚定不移走以提升质量为核心的内涵发展之路，着力推动规模、质量和效益的协调发展，努力让教育改革发展成果更多地惠及民生，让人民群众有更多的获得感。2017年，省教育厅会同财政厅启动实施了"十三五"中小学名师名校长培养工程，在全省遴选培养100名名校（园）长、培训1000名名校（园）长后备人选、100名教学名师和1000名学科教学带头人。通过全方位、多元化的综合培养，造就一批师德境界高远、政治立场坚定、理论素养深厚、教学能力突出（治校能力突出）、教学风格鲜明（办学业绩卓越）、教育视野宽阔、富有开拓创新精神、在省内外有较大影响力的名师名校长,为培育闽派教育家型校长和闽派名师奠定基础,带动和引领全省中小学教师队伍建设,为推进我省基础教育优质均衡发展、办好人民满意教育,为"再上新台阶、建设新福建"提供有力的人才保障。

为扎实推进福建省"十三五"中小学名师名校长培养工程,保障实现预期培养目标,福建教育学院作为本次名师名校长培养工程的主要承担单位,自接到任务起,就精心研制培养方案,系统建构培训课程,择优组建导师团队,不断创新培养方式,努力做好服务管理,积极探索符合名师名校长成长规律的培养路径,确保名师名校长培养培训任务高质量完成,助力全省名师名校长健康成长,努力将培养工程打造成全省乃至全国基础教育高端人才培养示范性项目。

在培养过程中,我们从国家战略需求、学校发展需求和教师岗位需求出发,积极探索实践以"五个突出"为培养导向,以"四双""五化"为培养模式的基础教育高端人才培养路径。其中"五个突出":一是突出培养总目标。准确把握目标定位,所有培养工作紧紧围绕打造教育家型名师名校长而努力。二是突出培养主题任务。2017年重点搞好"基础性研修",2018年重点突出"实践性研修",2019年重点突出"个性化研修",2020年重点抓好"辐射性研修"。三是突出凝练教学主张(办学思想)。引导培养对象对自身教学实践经验(办学治校实践)进行总结、提炼、升华,用先进科学理论加以审视、反思、解析,逐步凝练形成富含思想和实践价值、具有鲜明个性的教学主张(办学思想)。四是突出培养人选的影响力与显示度。组织参加高端学术活动,参与送培送教、定点帮扶服务活动,扩大名师名校长影响。五是突出研究成果生成。坚持研训一体,力促培养人选出好成果,出高水平的成果。

"四双":一是双基地培养。以福建教育学院为主基地,联合省外高校、知名教师研修机构开展联合培养、高端研修、观摩学习。二是双导师指导。按照理论联系实际原则,为每位培养人选配备学术和实践双导师。三是双渠道交流。参加省内外及境外高端学术交流活动,积极承办高水平的教学研讨活动,了解教育前沿情况,追踪改革发展趋势。四是双岗位示范。培养人选立足本校教学岗位,同时到培训实践基地见学实践、参加送培(教)活动。

"五化"：一是体系化培养。形成"需求分析—目标确定—方案设计—组织实施—效果评估"的培养链路，提高培养专业化、精细化、科学化水平。二是高端化培养。重视搭建高端研修平台，采取组织培养人选到全国名校跟岗学习、参加国内高层次学术会议和高峰论坛、承担省级师训干训教学任务等形式，引领推动名师名校长快速成长。三是主题化培养。每次集中研修，都做到主题鲜明、内容聚焦，坚持问题导向和结果导向，努力提升培养的针对性和实效性。四是课题化培养。组织培养对象人人开展高级别课题研究，以提升理性思维、学术素养和科研水平，实现从知识传授型向研究型、从经验型向专家型的转变。五是个性化培养。坚持把凝练教学主张（办学思想）作为个性化培养的核心抓手，引导培养人选提炼形成系统的、深刻的、清晰的教育教学"个人理论"。

　　通过三年来的艰苦努力，名师名校长培养工作取得了显著成效，积累了丰硕成果，达到了预期目标。名校长培养人选队伍立志有为、立德高远的教育胸襟进一步树立，办学理念、政策水平和管理能力进一步提升，立功存范、立论树典的实践引领能力进一步提高，努力实现名在信念坚定、名在思想引领、名在实践创新、名在社会担当。名师培养人选坚持德育为先、育人第一的教育思想进一步树立，教书育人责任感、使命感和团队精神进一步强化，教育理论素养进一步提升，先进教育理念进一步彰显，教育教学实践和创新能力进一步增强，独特教学风格和教学主张逐步形成，教育科研和教学实践均取得了丰硕成果。一是专项研究深。围绕教学主张或教学模式出版了 38 部专著。二是成果级别高。84 位名校长人选主持课题 130 项，其中国家级 6 项；发表 CN 论文 239 篇，其中核心 16 篇；53 位名师培养人选主持省厅级及以上课题 108 项，其中国家级 7 项；发表 CN 论文 261 篇，其中核心 81 篇。三是奖项层次高。3 位获 2018 年教育部基础教育国家级教学成果奖二等奖；15 人获得 2017 年、2018 年福建省基础教育教学成果奖，其中特等奖 3 位、一等奖 7 位、二等奖 5 位；1 位评上国家级"万人计划"教学名师；34 位培养人选评上正高级职称教师；13 位获"特级教师"称号；2 位获"福建省优秀教师"称号。四是辐射引领广。开设市级及以上公开课、示范课 203 节；开设市级及以上专题讲座 696 场；参加长汀帮扶等"送培下乡"活动 239 场次；指导培养青年骨干教师 442 人。

　　教育是心灵的沟通，灵魂的交融，思想的碰撞，人格的对话，名师名校长应该成为教育的思想者。在我省名师名校长培养对象即将完成培养期时,福建教育学院培养基地组织他们把自己的教学(办学)思想以著作的形式呈现给大家,并资助出版了"福建省'十三五'名校长丛书""福建省'十三五'名师丛书",目的就是要引领我省中小学教师进一步探究教育教学本质,引领我省中小学校长进一步探究办学治校的规律,使名师名校长培养对象成为新时代引领我省教师奋进的航标,成为办人民满意教育的先行者。结束,是下一阶段旅程的开始,希望我省名师名校长培养对象不忘立德树人初心,牢记为党育人、为国育才使命,积极投身新时代新福建建设,为福建教育高质量发展再建新功。是为序。

福建教育学院党委书记、教授、博士

郭春芳

2020 年 8 月

汇聚所有美好

◎ 赖一郎

　　林彩英校长这部专著《大家学园，汇聚美好——我的办学思想体系与实践探索》，终于要与大家见面了。这个书名，让我联想到古希腊的学园。"大家学园"一听就是很有学问的地方。我很荣幸，她邀请我为这本书作序。打开林彩英校长发来的文稿，正如面对作者一样，瞬间倍感亲切。书中的不少章节、文字让我深有感触。林彩英校长对学生的寄托，对教师的期许，对教育的思索，对教育承载一切美好事物的向往，都透在她的文字中。她的文字和她的气质一样，很美，丰富而又细腻。书中许多思考都很深入，为怕转述丢了细节，我摘些关键语段与大家一起品。

　　关于"教育是大家的"的告白：教育的本质是什么？是美好。教育为追求美好而生。教育过程是发现美、享受美和理解美的过程，如果没有对美的渴慕，教育就不会真正发生。同时我们知道，教育不是单纯的学校教育，而是需要学校、家庭、社会多方合力共同推进，它是一个巨大的磁场，吸纳和汇聚各种教育力量。所以我提出，"打造家庭学校社会合力教育共同体，全民共同关注教育，教育引领全民学习"的教育思考。树立"教育是大家的，大家办教育"的理念，形成"社会教育力"和"系统教育力"。这一切旨在推动构建全民教育的"大家学园"，真正把教育变成全社会、全人类的事业。

　　关于"校园即学园"的竭虑：校园即学园，学园即乐园。在这里，每个孩子都能积极主动地学习，自信地展示自己的才能，开心地享受着学习带来的快乐。作为学校发展的引领者与学校文化建设的设计者和执行者，学校的定位、规划与发展，学校在基础教育中承担的使命与职责，学校在一方区域中的引领与辐射作用,学校中的师生幸福指数与成长路径,学校如何适应社会发展,立足时代前沿等等,都是需要校长殚精竭虑直面的要素。

关于"吾家麒麟"学生的期望:学校启动"蓝麒麟"工程,把城中学子称为"吾家麒麟",旨在希望孩子们怀揣深远、博大、纯净的梦想,奋发向上,争做新时代的好少年。围绕校训"写好人生每一笔",每个学生都能行品端正、学品兼优、位品高雅,成为品质卓越的城中学子。

关于"大国良师"的宣言:育有德之人,需有德之师。大国地位不断发展、巩固,大国教育需要大国良师。大国良师并非一蹴而就,而是在不忘初心、牢记使命、艰苦奋斗中逐渐成长而来。良师不仅是经师、学问之师,更要成为人师、品行之师,要帮助学生"扣好人生第一粒扣子"。……而这样的大国良师,成长应该经历三部曲——合格的民师、盛世的名师和经世的明师。

关于"课程即学程"的前瞻:我们知道,课程是一种动态的过程,是生成性的,而不是僵化不变的。改变传统课程观,把课程作为教学内容来理解,强调课程是师生经验互动和学习者经验的建构过程,课程能让学生在探究和体验中学习,课程关注的是学习者的学习过程和方法而非学习结果。同时,课程既要关注过去,又要关注现在。课程要反映人类先前的知识体系,但更重要的是跟学生当下的生活经验联系起来,让课程回归学生的生活世界,回归学生的经验世界,尊重学生的个性与经验的发展,让课程更具人性。

关于"开放性阅读环境"的界定:其包括两个方面,一个是大阅读环境,它突破了狭义的小学语文课本中的"课文"教学,通过课内外阅读优化整合,实现阅读教学观念、教学内容、教学时空、教学方法、教学手段等方面的开放;另一个是指小环境的创设,就是儿童阅读时的小环境的开放。

关于"红扣子工程"的阐述:习近平在2014年北京大学师生座谈会上提出"青年的价值取向决定了未来整个社会的价值取向,而青年又处在价值观形成和确立的时期,抓好这一时期的价值观养成十分重要,这就像穿衣服扣扣子一样,如果第一粒扣子扣错了,剩余的扣子都会扣错。人生的扣子从一开始就要扣好。"而系好人生第一扣,需要的是家庭、学校、社会的通力合作。这就是"红扣子"工程的初衷。

毫无疑问,这是一位小学校长对办什么样的教育,办什么样的学校,培养什么样的人,怎么办学的美好设想和真诚的实践。习近平总书记2016年到北京市八一学校看望师生时殷殷嘱托:"教育决定着人类的今天,也决定着人类的未来。"作为教育人,不论是普通教师,还是名校长,不论是教育专家,还是教育学者,我们一定会认同林彩英校长对新时代教育的思考和实践——学校需要办成人民满意的教育,成为大家的教育,学生需要成为强国少年,老师更要成为大国良师。

让学校成为"大家学园",汇聚所有美好!

2020 年 8 月 11 日

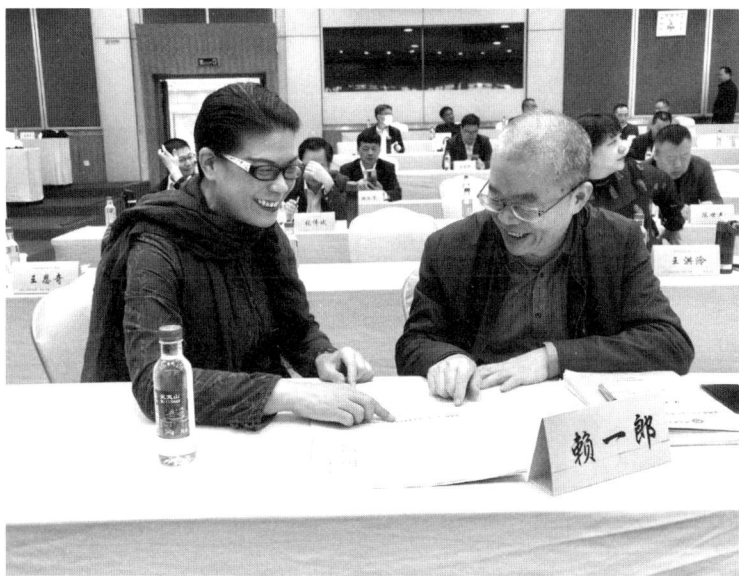

感恩,遇见美好

从教三十余年了,从美丽的海岛出发到福建长乐师范学习,从最贫瘠的乡村教育到跟随福建教育学院的导师们游学全国最优秀的多所学校,一路成长,一路感动。其间,总有一个词在脑海中闪烁——感恩,感恩所从事的是自己最喜欢的职业。教师是人类文明与历史文化的传播天使。

教育的使命,就是帮助一个生命从自然人变成社会人,通过拓展生命的长度、宽度和高度,帮助每一个生命成为更好的自己,这个重任,由我们这群拥有共同历史、共同英雄、共同文化符号与共同心灵密码的团队——教师来共同书写。为此,我很庆幸。

2019年2月,我调入城中小学,当晚,我引用了朱永新先生2017年在新教育年会上的致辞中改编自舒婷的诗:只凭一个简单的信号,集合起星星、紫云英、蝈蝈、小蚂蚁、小溪流的队伍,向着没有污染的远方出发……创办了"城中大学堂"自媒体平台——书写生命,记录美好,征集老师、家长、学生、社会关注教育人士的作品,大学堂开播不久,引发了当地教育人的关注,也拉开了自己对教育生涯的点滴思考:学校,必须是传播美好的摇篮。

今天,我希望把关于美好的思考说给您听。

小女孩的目光

那是2000年9月,我刚调入城东小学,担任一年级的语文老师兼班主任,上课的第一周,发现门口总有一个女孩蜷缩在一角——小小的身子,抱着大大的书包,不停地抽泣着。她见我近前,大大的眼睛看着我,软软的小身子顺势靠在我身上怯生生地嘟囔着:"老师,我能去一年级三班读书吗?"我很为难,调班是学校的大忌啊。孩子的妈妈正在跟校长交流,原来孩子害怕原班主任，觉得她"太凶了"。因为这个，孩子已几天没有好好睡觉。妈妈非常焦急无奈。后来，孩子就来到我班上。

这么多年来，她那双怯生生的眼睛总在提醒我，坚决不做让学生害怕的老师。当学生在老师的脸上看不见生活的美好时，一切教育都是徒劳甚至是适得其反的。我愿意和我的孩子们"在共同的目光中，你中有我，我中有你"，相互关怀，充满温情、鼓励和期待。

小村庄老太太的叫唤声

这是我在流水小学任校长时期的故事。那阶段，实验区开展全国文明城市创建活动。作为一方教育的领头军，我们成立文明家园志愿者团队，利用假期走访 26 个村落，开展文明创建进乡村工作。所到村落，清理垃圾，宣传礼仪。走着走着，总有学生们跟着，我们的队伍也越来越长。

这天阳光灿烂，两位三年级的孩子迎面走来，甜甜地叫道："校长，我们跟您捡垃圾吧。"孩子们愉快地领了任务，很认真地寻找路边的废纸。突然一声尖利的叫声响起："阿命（本地孩子的意思），老师在骗你们，赶紧回家。"我一愣，茫然地望着旁边一脸不屑地指责我们的老奶奶，看着孩子不知所措的样子，悲哀的感觉弥漫开来——有大人如此，怎能带出身心健康的孩子？

由此，我将目光转向村里成年人的素养，家庭教育的缺失成了我们研究的新领域。教育不应该是校园叙事，随时随地，教育都在进行。我们的任务，就是让教育如空气一样无处不在，让美好映在每个人的笑脸上。

十字路口的橘子香

2019 年的一个中午，放学后的我骑着电动车匆忙回家，不料踏板上的袋子破了，橘子滚落一地，十字路口车辆多，我心想算了。此时，一男孩从人行道人群中钻出来，站在我的电动车前面，手中捧着三个橘子说："校长，你的。"望着孩子我又惊又喜，车水马龙的，万一出事怎么得了？"赶紧靠路边走，安全回家。"孩子听了我的感谢，欢天喜地地走了，我却呆了——有时，学生才是我们的老师啊！在单纯的美好面前，我们没有理由松懈与抱怨。

种一棵树，最好是十年前，其次就是现在。学堂就是故事场，每个活泼的生命，都是一部等待岁月和经历写就与完善的厚重之作。教育生涯中的那些细碎的感动和幸福，一直温暖着某个黄昏的瞬间。

平潭，曾是海防最前线，是大陆离台湾最近的地方，也是福建的贫困县。几经岁月沉浮，平潭成为海西经济建设的桥头堡，成为万众瞩目的"平潭综合实验区"，成了国际旅游岛。而我们学校地处实验区的城市中心，我们的教育如何与时俱进，如何与国际接轨，这是时代和区域赋予学校教育的使命。作为平潭综合实验区的一名校长，我要做的是让学校成为孩子们向往的美好空间，而这美好的空间是缤纷的、五彩的，也应该是开放的，是举全社会之力，大家共处、共融、共进的教育场所，而"大家学园"的理念建构正是这种想法的渗透，这里的"大家"不仅是要培养大家风范的师生，同时向社会传递教育是大家的、大家都来办教育的理念。

我们运用了红黄蓝三原色，依托平潭岛的别称——麒麟岛，集麒麟高洁、祥瑞于一身，以及它的尊贵、优秀、杰出的象征的寓意，提出"蓝麒麟"工程，意在提升教师和学生的素质，以培养大家风范的师生为目的，着力打造行品端正、学品兼优、位品高雅的三品学子，努力把教师塑造成身承匠心、身正为高、身传言教的大国良师；建设以"金麦田"为底色，"让成长金灿灿"为核心的学程观，以学生为本指向学生的全面发展，促进核心素养和综合能力的培养，为学生的成长提供肥沃的土壤；通过"红扣子"工程，盘活各方教育资源，形成合力，让家庭、学校、社会三方形成教育共同体，以倡导让阅读像呼吸一样自然的教育空间为理念，最终打造"师生悦心学园、家长同心学园、社会乐心学园"的大家学园。

感谢福建教育学院的导师们，四年来的指导让我们这些校长们开阔视野，直视未来，让我们明白了教育承担的是国家意识与社会担当、民族未来的重大使命，也是一种将人类文明传递到新生代建设者认知与行为的艺术。这种艺术需要学习、付出与坚守。感谢城中小学团队，学园的提出、学案的执行与学习的推广，大家都在无怨无悔地付出。感谢天真可爱的学子，让我们看到教育的美好。为了这份美好，我们执着前行。

林彩英

2020 年 9 月

目　录
CONTENTS

第一章

让学校成为汇集美好事物的中心

"为什么而办学?"每次学习,福建教育学院的导师总要提醒我们这些校长——你们是学校乃至一个地方的教育符号。是啊,作为学校发展的引领者与学校文化建设的设计者和执行者,学校的定位、规划与发展,学校在基础教育中承担的使命与职责,学校在一方区域中的引领与辐射作用,学校的师生幸福指数与成长路径,学校如何适应社会发展,立足时代前沿等等,都是需要校长殚精竭虑直面的要素。

印象最深的是,习近平总书记 2016 年到北京市八一学校看望师生时的殷殷嘱托:教育决定着人类的今天,也决定着人类的未来,人类社会需要通过教育不断培养社会需要的人才,需要通过教育来传授已知、更新未知、开掘新知、探索未知,从而使人们能够更好认识世界和改造世界、更好创造人类的美好未来。

由此,教育与美好就定格在我们的脑海里。作为基础教育学校的校长,首先考虑的是什么样的教育对国家富强、民族复兴、社会繁荣和百姓福祉有益,什么样的教育贴近学生心灵,让他们在正式步入社会之前形成正确的人生观,从而形成属于未来建设者的美好底色,去拥抱崭新的时代。

第一节　儿童教育,唤醒美好事物的欲求

不同国度的名家对"什么是教育"这个问题有着各种各样的思考。

鲁迅曾说:"教育是要立人。"儿童的教育主要是理解、指导和解放。英国著名的教育研究者斯宾塞认为教育就是未来,为未来生活做准备。爱因

斯坦认为，教育就是当你把在学校里教给你的所有东西，都忘了以后剩下的东西。那这个剩下的到底是什么呢？它不会是系统的知识层面，因为我们离开学校以后，很可能知识层面的东西会随着工作的不同、需求的不同，渐渐地淡化了，剩下的它是一种凝聚在你身上，通过外显的行为，以及你的言行举止，甚至你的气度风格，所体现出来的人的一种综合的素质，综合的一种教养。

而我们，希望在六年毕业后，许以孩子们的是无限的美好。

一、美好的教育

什么是美好？在《庄子·盗跖》里："今长大美好，人见而说之者，此吾父母之遗德也。"在北魏贾思勰《齐民要术·种瓜》里："若无芺而种瓜者，地虽美好，正得长苗直引，无多盘歧，故瓜少子。"美好是指美丽的东西，给人舒服的感觉，在各方面都使人喜欢，极好。美好可分为两种：一种是人和物的美好，另一种是生活的美好。

那么教育的本质是什么？是美好。教育为追求美好而生。教育过程是发现美、享受美和理解美的过程，如果没有对美的渴慕，教育就不会真正发生。

(一)有"声"的教育：倾听人民呼声，关注人民期待

习近平总书记曾说过："人民对美好生活的向往，就是我们的奋斗目标。"为人民办教育、办好人民满意的教育，这就要求我们贴近学生，贴近家长与社区的需求，回归儿童本位，回应人民群众对公平优质教育的期盼，以一种"教育为公以达天下为公"(陶行知语)的教育情怀，公平、公正办校，以大公无私、大爱无疆的教育理想促进教育的发展。

(二)有"爱"的教育：捧着一颗心来，不带半根草去

通过爱的教育，建立爱的环境，凝聚一大批无私奉献、敬畏慈悲、平常利他、心中有爱的教育团队，通过这一群人"以行动带动行动"的榜样力量，"用生命感动生命"的爱的力量，践行"教育不仅要使人聪慧，更要使人高尚"的基本理念，用"爱"培养"人"，引导孩子在聪慧的基础上，更要成为一个优秀的人——做事自信上进，有德有责，做人温暖有爱，内心阳光，人格完善，价值观正确的幸福的人。

（三）有"情"的教育：公平、公正、均衡、扶弱

发展公平而有质量的教育。要办好人民满意的教育,让每个人都有平等机会通过教育改变自身命运,成就人生梦想。教育是温暖的、美好的,需要我们静静聆听童心的呼唤;教育者要善于架起与学生家庭的连心桥,努力做好孩子"幼小心灵的播种者、童蒙养正的奠基者、良好习惯的塑造者、生活状态的辅导者、理想目标的引导者"。

（四）有"根"的教育：传统文化、核心价值

今天的教育,是根的教育。孩子是学一个字,但是学字的过程中,孩子们能接触到相关的文化深层编码。我们传播优秀传统文化有很多途径、很多方法,但是我们觉得有两句话不能忘:创新性发展,创造性转化。我们面对的是现在的孩子,你把根种在孩子心中,从文化的汲取到核心价值观的生成,步步扎入深根,因为只有根深、心正,才能枝繁叶茂、硕果累累,才能不惧风雨、砥砺前行,最终铺就幸福、美好的人生之路。

（五）有"未来"的教育：高质量、现代化、创新性

教育是一项对接未来的事业,教育创新是每一个教育人不懈追求的目标。教育是什么? 教育是为生命存在的。它指向高质量、现代化的未来,未来应该会更加关注生命和生活,会更加关注让学生珍爱生命、热爱生活、成就人生。作为教育者需要对未来教育的挑战未雨绸缪,寻找更加适合学生的"有未来的教育",要成就未来的美好,就需要现在奠定美好的期许和阶梯,去拓展生命的长宽高,培养生命的真善美。

（六）有"人"的教育：学生为本,全面发展

教育的目的是培养人,培养有文化而有趣的人,而不是培养工具。也就是说,教育首先要看到学生是完整的、独特的和活生生的人,是有独立人格和自由精神的人,是有主体性、能动性的人,是在人格上与教育者拥有平等地位的人。

法国前总统尼古拉·萨科齐在《致教育者的一封信》里是这样阐述,教育,就是试图调和两种相反的运动:一是帮助每个儿童找到自己的路;一是促进每个儿童走上人们所相信的真、善、美之路。从某种意义上说,教育其实就是通过各种方法,有意识调整生活中各种滋味的比例,努力创造自己

喜爱的生活滋味的过程。它让我们首先从过去之中，撷取一些记忆、选编一些事物。历史中沉淀的那么多美好，是人类一代代积累所得。教育正是为了传播那些选编的美好，而后又在传播中创造美好。

二、儿童教育唤醒美好

我们常说，有人的地方就有教育。教育伴随着人类的发生发展，教育也伴随着个体的成长，教育是一种以育人为中心的活动，其核心正在于激活个体对美好事物的欲求，进而引导人成为"人"。这里的"美好事物"正是蕴含在日常生活世界之中又超越于日常生活之上的以真、善、美为核心的价值事物。从苏格拉底、柏拉图一直到夸美纽斯，其中传递下来的基本教育信条就是，人的灵魂之中潜藏着美善知识的种子，教育就是把这种子引发出来。这里的种子其实就是蕴含在人类文化之中的对美好事物的记忆。

真正的教育乃是深入我们的心灵、长久地留存在我们的记忆之中，并且催人向善的事物。它是以生命关怀为基础，以人文为引领，以环境美好、课程美好和教学美好为基本途径，以培育美好人性为核心，追求人的美好发展为目标。它既关注学生未来生活的美好，也关注生命成长过程的美好；既关注人的自然性生命之美，更关注人的精神性生命之美；既关注人的生活需要，更关注人对尊严的需要。

图 1-1 我和孩子们的相遇

教育就是与美相遇。生命与生命的相遇是美的,学生与老师、学生与学生、学生与自我的相遇都是美的,而教育的要旨正是心灵的美善,激发个体心灵对美善事物的欲求,每个人通过教育与古今中外的生命相遇也是美的。所有的相遇都是为了拓展一个更宽阔的世界,让你的世界变得更大、更美好。

这个相遇,我们希望在我们的学校中实现。

第二节　美好学校,成就师生梦想的期许

什么是学校?北京十一学校李希贵校长提出,学校是孩子走上社会之前的社会。所有未来在真实社会里一个人可能遇到的情况,最好都让他们在学校里先体验一遍。通过体验,形成适应未来社会、创造未来社会的能力。

一、美好的学校是未来奠基的家园

学校是教育人、培养人的一片净土,有一所好学校就会为社会输送一大批有用的人才,就会为社会的发展提供无限的潜力。理想中的好学校,应该是一座为学生的美好未来奠基的家园,是全体师生诞生希望、成就梦想的地方。

(一)好学校必须有学生喜欢的课堂

课堂是知识的超市,生命的狂欢的课堂,是以生为本、以学为本、以素质为本的课堂。每一堂课都是师生生命快乐健康成长的过程,每一堂课都是师生生命成长的奠基石。课堂不仅是知识的课堂,还是素质的课堂,更是生命成长的课堂。

(二)好学校的"好"应该写在师生的脸上

在好学校,每一个学生都欢天喜地,他们都以自己的方式生活在校园里,每一位教师都快乐幸福地过着自己的教育生活。这里没有学生不喜欢上学,这里也没有教师不喜欢工作。学生和教师的笑脸会告诉你,学校就

是他们快乐成长的乐园。

(三)好学校让所有人都有家的感觉

家是什么？家是爱的港湾,学生之间、教师之间、师生之间充满了亲情,彼此把对方当作亲人,彼此把对方当作一本书用心地读,喜欢走进对方的内心,彼此也喜欢倾诉与倾听。

这里的爱是建立在彼此平等、彼此读懂基础上的真爱,彼此用对方喜欢的方式去爱,同时也得到自己喜欢的方式的真爱。因此好学校是处处充满亲情的家园。

(四)好学校要给学生一台生命成长的发动机

在这里学生产生了自己的理想与抱负,在这里学生获得了阳光与自信,在这里学生学会了如何学习,如何做人,如何做事,当我们的学生走出我们的校门,忘记了学习的具体知识之后,还能够剩下许多人生发展需要的宝贵财富。

(五)好学校必须成为汇聚美好事物的中心

在这里汇聚了一批又一批爱岗敬业、严谨治学的优秀教师;在这里汇聚了社会上一切优质的教育资源,让每一个学生都成为最好的自己,让每一位教师都成为幸福的教师,在这里所有人都得到发展,让学校真正成为汇聚美好事物的中心。

我们的愿望是努力汇聚各种美好,在学校这个小社会中,将真善美的种子植入孩子的心田。我们不仅要向传统中的美好致敬,并且深刻汲取其中的营养;我们同时珍爱来自一线的美好,重视那些活生生的当下。我们也在不停向各地的探索者学习,把他们的美好,或嫁接或移植,丰富我们的教育家园。对于我们每一个个体而言,无论是校长还是各级教育管理工作者,或是一线的教师或是父母朋友都要自觉自愿致力于传播这些美好。

二、美好的学校是成就梦想的地方

(一)好学校需要一位有前瞻思维的校长

"校长是一所学校的灵魂。"(陶行知语)想把一所学校建好,少不了一个好的校长,学校作为师生工作学习的场所,应该是一个让师生幸福、快乐学习和工作的地方,对于师生而言,能够遇到让教师感到幸福的好校长,让学生感到幸福的好老师是幸运的。"幸福不是教育和生活的唯一目的,但它是核心的目的,教育的其他目的要围绕为了幸福这一核心目的来安排。"校长办好学校的前提和旨归也应该是让教育回归幸福,因为感受不到幸福的教师是教不出幸福的学生的,而不幸福的学生也很难有很好的未来发展。

❋ 我的校长观

人常言:一个好校长就是一所好学校。那么一位校长则是一个地方乃至一个时期的教育方向标。面对当下教育的功利性凸显,教育的滞后性、浮躁性突出,作为校长到底应该怎样对自己的角色定位呢?

一、责任与使命同行的大国明师

校长的专业精神,是一种强烈的使命感、责任感,是一种立足于教育,以自身工作促进学生发展、教师发展、学校发展,实现社会发展的使命要求。——陈玉琨教授

"教育为公以达天下为公"这是陶行知先生的理想。校长肩负的不仅是思想引领和实践创新的重任,还有人才培养和服务社会的责任,因此校长不能只关注自己的学校、教师和学生,还要关注社会乃至整个国家和民族的事务,"不独亲其亲,不独子其子",校长应具备"仁爱之心"的大国明师的境界。中华优秀传统文化作为教育极高之美的是"明明德",而作为领航者的校长更应该明做人之德,明报效国家之德,因为国家和民族的兴衰,不单需要物质,更需要文化软实力。这就要求校长要极力做到鞠躬尽瘁,奋发有为,奉献与事业融在一起,"捧着一颗心来,不带半根草去",从点点滴滴中体验生命价值;胆子要大,就是改革再难也要向前推进,敢于担当,敢于啃硬骨头,敢于涉险滩,善于抓住稍纵即逝的机遇,开拓进取;责任担当要求直面功过,有正确看待自己工作成绩的理性和勇于承担责任的勇气;要充分发挥校长的人生价值和社会价值,积极服务社会,指导他人,引领全局,影响社会,同时善于学习和思考,能以批判的眼光,发现教育和社会问题,并能找到解决这些问题的途径和办法,形成自己先进的科学世界观、价值观和人生观,形成自己完整而独特的教育理论,而且能影响并带动一大批学校和老师。校长创新的责任不能仅仅局限在自己的学校,优质学校的

校长，还承担着更多的社会责任，肩负着更重的历史使命。

二、坚守初心、躬耕教坛的践行者

校长既是管理者又是领跑者，因此要始终保持本色，忠于师德、精于教学、善于育人，将大部分的精力花在教学研究以及如何帮助教师发展上，这既是坚守教师情怀，也是好校长的精神寄托、办好学校的情感基石。当今社会，不乏专家学者型的校长，但如果长期安于现状，疏于业务，吃老本，不充电。这样的校长怎么有底气要求老师们要精于业务、全能发展呢？所以，我认为，作为校长，更应该不忘初心，躬耕于教坛，勤奋自学、自修，投身于教科研中，在研究中有所行动，在实践中优化自身的专业素养，真正成为专业过硬的校长，才能在学校管理中引领方向，做老师们的领跑者。

三、领衔教育、行走大地的思想者

苏联著名教育家苏霍姆林斯基说："校长对学校的领导，首先是教育思想上的领导，其次才是行政上的领导。"有思想的校长才能办出有灵魂的学校，才能带出有思想的老师，从而培养出一代有作为的学生。一所学校之所以成为优秀的学校，不在于教学楼有多高多漂亮，更在于校长的"思想"。学校是校长与师生共同成长的地方，校长之"名"应是他的"价值观与理念"，是校长的价值观与理念已经根植于每位师生的内心，犹如春风化雨。

一位好的校长应当是思想者，有对教育未来乃至人类未来的终极关怀和形而上的思考。真正的思想就像诺瓦利斯说的那样，是"怀着乡愁的冲动去寻找家园"，因此它永难割舍乌托邦的情愫。当然，"纸上得来终觉浅，绝知此事要躬行。"校长的思想不是建立在空洞的理论基础上，而是要自觉地把自己的哲学思考融入教育实践，转变为教师的具体行动，成为学校"文明的活的灵魂"（马克思语）。新教育倡导"只要行动，就有收获"，倡导做扎根田野的"农夫"，校长应该信奉这样的"行动哲学"，切己体察，身体力行，和广大教师在既充满睿智又细致入微的日常对话中切磋琢磨。

四、高屋建瓴、兼容并收的管理者

苏霍姆林斯基认为：学校中的大量问题，不是靠开会、做决议就能解决的，校长的主要工作，应当深入到课堂、教师、学生中去，研究教育教学的客观规律性，依靠科学来领导和管理学校工作。

一个好校长应是一个"恩威并济"的管理者，管理要严，但严中要注入情感，揉进人文，只有带有情感和人文的管理才是科学的管理。这样的管理，更容易激发被管理者的合作意识、参与意识和服从意识。一个好的校长要经常能与教师分享学校工作经验，通过交流达成共识，引导教师在教育改革中开动脑筋,创新发展,与时俱进;要在总结反思中提炼学校发展特色,进一步科学规划学校未来;要敏锐地发现问题、诊断问题并及时把消极因素转化为积极因素,促进学校发展。常言道:"人格聚心,才智聚力,学识聚气。"校长是学校的思想引领者,他的视野很重要,视野决定胸怀,胸怀决定情怀。所以作为校长,必须打造以先进的教育思想和教育理念为基础、用行之有效的引领和管理力做保障,以高尚的人格魅力做核心。只有这样,才真正享有权威性,才能更有力地推动教学工作、做好管理工作。

五、穿越时空、默化潜移的影响者

著名教育家陶行知曾说过:"校长是一个学校的灵魂,要想评论一个学校,先要评论校长。"校长在业务上要做引领教师的"专家",在学习上要做师生的"学者",以专业水平和人格魅力更好地凝聚师生合力,完成学校整体目标,服务于师生的共同成长。校长应带动弘扬正气的主流意识,带出良好的教风、学风;他们的影响力,并不在于"职权"本身,而是在于他们用自身的人格、学识、思想和语言能成就和塑造的圈层。同时我们认为,作为一位校长更应该要借用"职权"来提升自身在业内外的影响力,并且能够调动自己能力范围内的一切影响力,带领全校教职工一起致力于学生的学业提升和全面发展,不断创造办学业绩,推动学校可持续发展。

"群雁高飞头雁领。"一个好校长就是一面旗帜,能够团结一帮,带动一方。时代在快速发展,校长要做创新型校长,以自己的影响力带动师生,做到领导育人、教书育人、管理育人、服务育人,从而达到人心齐、士气足、百事兴。这样的校长才会拥有"蓬勃朝气、昂扬锐气、浩然正气"。有这样胸襟的校长,学校才会持续健康发展,不断迈向更高的台阶。

教育为真,让我们践行教育的本真,我们坚信教育不是宗教,却需要宗教般的虔诚,教育是改造生命的事业,是要跨越生命去奉献。我们更坚信教育是宁静的坚守,建立人力资源强国的历史使命,我们任重道远,我们唯有继续坚守教育为真的信念,用理想的教育去实现教育的理想。

(二)好学校必须有一支心有大爱的大国良师团队

我们深知,每个人都不完美,传播美好并非意味着自己没有缺陷。但是,因为传播美好,自己会更加重视修炼自我。生活也不会完美,传播美好并非意味着自己的生活不需要改变。但是,因为传播美好,哪怕置身困顿之中,也永远朝向明亮,以乐观积极的方法面对教学中的重重挑战。教师队伍的建设并不是一件困难的事情,但一定是一件缓慢而优雅的事,通过爱与幸福理论的学习,我们已经沉淀出一大批教师学员,他们拥有过硬的教学能力,在爱与幸福大家庭的熏陶下,慢慢有了一颗褪去功利,扔掉执着,关注孩子内心世界远远超过关注孩子努力结果,真正有爱的"心"。就像那个"做一件让世界变得更美丽"的事情的"花婆婆"那样,传播美好,坚持行动,本身就在创造美好,我们自己也会变得更加美好。日复一日地坚持,朝朝暮暮地耕耘,美好的传播自然也会收获更多美好。

(三)好学校成就一批善于言传身教的家长

曾有位复旦大学的教育学教授曾直言:"老师再好,也无法取代家长在教育孩子中的作用,在孩子成长的过程中,家庭教育是不可取代的,并且需要和学校教育互相配合,相辅相成,才能让孩子更优秀。"

确实,父母对孩子的成长所起的作用不可小觑,我们相信每个父母都希望自己的孩子成才,都希望自己的孩子的生活越来越美好。但能否做到成为孩子坚强的臂膀,却又另当别论。奋力托举要付诸行动,它需要父母的坚韧、智慧与付出,但更为重要的还是要做好自己。

孩子的成长是不是成功,每一个人的理解也可能不尽相同,但是成为一个品德高尚、正直的人才是最重要的。"德"为人之本,没有好的品德,即使有再高的才华,也未必会成为一个对社会有用的人才。做父母的虽不是一个完人,也未必有多高的文化,但你可以做一个善良的、正直的人,可以用真善美的标准去影响孩子,引导孩子走好未来的人生路,别偏离了正确的方向,要做好孩子的引路人。

(四)好学校培养一群文明、有担当的大家学子

教育家叶圣陶老先生曾经指出:"简单地说,教育就是要养成习惯。"同样,在我国古代也早就有了"少年若天性,习惯成自然"的说法。其实一切教育都可归结为养成学生的良好习惯。习惯真正是一种顽强而巨大的力量,它可以主宰人的一生。我们要培养他们对人的尊重,对宇宙的敬畏,最基本的就是尊重生命的存在,知晓生命的不可重复性。一位日本教育家说过这样一句话:我们要培养学生"面对一丛野菊花而怦然心动的情怀",这种情怀就是在乎沙滩上每一条小鱼的生命的孩子所拥有的情怀。试想,当一个人对小草、小鱼的生命关怀时,那么,对于高级生命、对于人的生命,他

能不尊重吗?

今天的学生就是明天的社会人,他们将感受、经历人世间的爱、恨、情、仇、恩、责、义。面对纷繁复杂的社会,我们身边的每一个人,都有义务筑造良好的社会道德风尚。学校不仅要为学生提供滋德养性的环境,更要采取多种措施不断影响学生、引导学生,让他们的思想品德得以修正和提高,让他们都学会自律,学会承担责任,当他们都真心向善时,我们每一个人都会受惠。

第三节　大家学园,编织一切美好的愿景

经典营销著作《定位》里有这样一句话:"定位不是围绕产品进行的,而是围绕潜在顾客的心智进行的。"商业领域的这一观点可以给我们变革学校的实践以启发:一所学校的精准定位,是明确发展方向的重要基石,也是积极获取"心智资源"的有效途径。通过定位,学校得以明确自我优势、塑造自我品格、吸引多方关注,从而凝聚各方力量为实现定位的目标而共同努力。与许多学校一样,我们也在积极寻找一个能够定位城中小学的词语,以表达我们的发展愿景,这时"大家学园"这个词跃入眼帘。

一、大家学园的内涵和愿景

(一)大家学园的内涵

1."大家"的定位

我国较早的文献记载对"大家"的诠释,是卿大夫,是贵族阶层。而在《辞海》里对"大家"有多种定义,我们借用了其中三种:①巨室,世家望族,旧指有声望地位的高门贵族;②指知识渊博者、博学的人;③是"众人""大伙儿",是想把学校定位为"大家",立志把学生培养成为有着高贵气质、渊博知识的大家学子,因为大家者,当浩气凌云,当博学强识,当激流勇进,当虚怀若谷。养大家之气,成大家风范,这是时代赋予青少年的责任,养大家之气,成大家风范,这也应是每一个城中师生的追求。所以在大家文化熏

陶下,学校以学生的全面发展为本,努力培养学生具备"大家"的科学素养,"大家"的人文品质,"大家"的唯美追求,让学生成长为具有"健美、智慧、高贵"的人,为学生的终身发展奠基;同时也考虑到要把学生培养成有大家风范的气质光靠学校的努力是达成不了的,得依靠家庭、社会各方面的通力合作,教育是大家的,我们呼吁大家都来帮忙办教育。

2. 对"学园"的设想

我们设想,校园即学园,学园即乐园。在这里,每个孩子都能积极主动地学习,自信地显示自己的才能,开心地享受着学习带来的快乐。在大家学园里,每一门课程都变成了学程,每一种活动也都是学程,对于孩子们来说,无处不学程。在大家学园里,教育的意义不仅仅在于培养优秀的学生,更重要的是要成就每一个学生,让所有孩子的潜力得到挖掘,得以释放。在大家学园里,我们不仅仅关注学生的学习状态和成长状态,还得给予教师足够的关注和关怀,以提升教师的幸福感。因为一所好的学校的前提和旨归是让教育回归幸福,感受不到幸福的教师是教不出幸福的学生的,而不幸福的学生也很难有很好的未来发展。

同时我们知道,教育不是单纯的学校教育,而是需要学校、家庭、社会多方合力共同推进,它是一个巨大的磁场,吸纳和汇聚各种教育力量。所以我们提出打造家庭学校社会合力教育共同体,全民共同关注教育,教育引领全民学习的教育思考,树立"教育是大家的,大家办教育"的理念,形成"社会教育力"和"系统教育力",推动构建全民教育的"大家学园",真正把教育变成全社会、全人类的事业。

(二)大家学园的愿景

1. 培养大家风范的师生

风范是指风度、气派,出自高贵人家特有的气派。这里指品格出众而为大家所知,能力不凡而成为风范。"大家风范"特指学校围绕必备品格和关键能力的核心素养培养品格出众和能力不凡的师生。一个有大家风范的师者,有高尚的情操、高贵的品质、宽大的气度、丰实的学识,一定是不卑不亢、胸襟宽广的人,遇事不会与人斤斤计较,言谈举止都会有良好的个人修养。他们的修为和涵养会为他们自己收获更多的尊重和认可。我们知道,一位好老师对学生一生有着重大的影响,一位具有大家风范的老师更容易培养出品格出众和能力不凡的学生。在他们的影响下,大家风范的学生应是以社会主义核心价值观和核心素养作为行为的出发点,具有爱国、乐学、诚信和友善等基本价值观,具有自主发展、社会参与和文化基础的基本素养。他们气质沉稳,眉目疏朗,喜怒哀乐不全行于色,待人接物礼貌周全,在社交场合大方有度,知书达理,能博得长辈称赞,同辈欣赏。他们受过良好的教育以及较严格的约束和规范,见多识广,知识丰富。

2. 在教育的海洋里所有人都得到发展

习近平总书记在全国教育大会上指出,"办好教育事业,家庭、学校、政府、社会都有责任"。在教育中,学校是专业机构,家庭和社区则是非专业单位。但是,学校、家庭和社区不是相互孤立的教育"孤岛",而是彼此联系、互相补充的"环岛"。在政府的引导下,家庭、学校、社区合作共育,将会达到最佳的教育状态。成长不仅是孩子的事情,也应该是父母、教师、社会的事情。因此家庭教育、学校教育和社区教育,都不是单向地教育孩子,而是在与孩子的沟通交流中,实现父母、教师和社区工作人员的自我教育。这种平等互动的关系,让教育中的多方角色互相促进、共同成长。

3. 共谋共建共促共享的教育生态

学校教育、家庭教育与社会教育这三者之间有着不可分割的紧密联系。其中,家庭教育能够决定个体的学校教育起点,学校教育需要很好的家庭教育提供支撑与导向作用,社会教育能够为学生教育起到良好的反馈,并为家庭教育提供一个优越的教育环境。总之,这三种教育形态在教育过程中既相互独立又有着紧密的联系,而任何一种教育形态的失误,都有可能阻碍未成年人发展。

二、大家学园的三原色

一种教育的文化就是一个校长乃至一所学校的"教育哲学"。这种教育哲学渗透在校园师生的言谈举止中,展示出广大师生在学校历史传统的积淀中对美好教育的看法与认识,用美国学者泰勒的话说:"它不是一般的学校发展理念,而是带有认识论和方法论意义的教育理念,是积淀在学校中的历史传统,反映了学校的发展背景,体现着校长和广大教师共同愿景的核心教育理念。"

同时,色彩与我们的生活密不可分,我们无时无刻不在感受色彩的美妙,它用无限的美好和丰富与我们相伴每一天,慰藉着我们的心灵,带给我们以美的感受和视觉美感的愉悦。教育思想家怀特海在《教育的目的》中强调:"教育只有一个主题,那就是五彩缤纷的生活。"基于此,我们怀着让校园成为汇聚一切美好事物的中心的愿景，用红、黄、蓝三原色诠释学校的办学理念。

（一）"蓝麒麟"成长工程——造就大家风范的师生气度

平潭岛也称为麒麟岛，学校依托麒麟是集高洁、祥瑞于一身，是尊贵、优秀、杰出的象征的寓意提出"蓝麒麟"工程（见图1-2），意在提升教师和学生的素质，培养大家风范的师生，着力打造具有行品端正、学品兼优、位品高雅的大家风范的学子和身承匠心、身正为高、身传言教的大国良师。依托校内外的力量，重视对教师的业务培训，提高教师的业务水平。坚持以校本培训为主，开展多种形式的培训活动。启动了"城中少年自我成长6＋1行动"，创立"城中少年仪表礼仪三字歌"……旨在帮助城中学子怀揣深远博大、纯净的梦想，奋发向上，争做明理诚信的文明少年、朝气蓬勃的阳光少年、饱读诗书的儒雅少年、提笔如兰的蕙质少年、心怀天下的励志少年、勇于创新的时代少年。

图1-2 "蓝麒麟"工程标志

（二）"金麦田"学程——实现真实世界与学科知识的完美融合

课程不是简单的一堂课，而是一段旅程，是教师带领学生一起去"吻醒"知识，把那些美好的事物真正嵌入教师和学生生命的过程。我们不缺乏种子，但我们需要肥沃的土壤和较好的气候；我们不一味迷恋姹紫嫣红的花束,而应着力于土壤的培育和精细的管理。从学校办学的角度来考虑,应该构建以学生为本的整体教育教学布局,指向学生的全面发展,促进核心素养和综合能力的培养,为学生的成长提供肥沃的土壤;从教师的角度来考虑,应该不断激发学生的兴趣和爱好,不断挖掘学生的潜能;从学生的角度来思考,就应该通过学校系统的教育活动,全面地发展,找到自己的兴趣、才能和专长。基于此,我们提出了"金麦田"学程,在夯实国家课程的基石上开设了成长社团课程,让德育课程系列化,提出项目式研究性课程,利用项目式学习,让学生与真实世界相互连接,引导儿童将书本与身边的世界相融合,养成处处皆学问、时时学知识的良好习惯。

有了这些拓展性课程的帮助,师生如土壤里的种子遇上了光合作用,长出一片片叶子,而每片叶子都闪耀生命最亮的色彩,让我们欣喜感动。

(三)"红扣子"合力工程——建构全民教育的大家学园

百年大计,教育为本。习近平总书记在全国教育大会上指出:家庭是人生的第一所学校,家长是孩子的第一任老师,要给孩子讲好"人生第一课",帮助扣好人生第一粒扣子。

教育本身也是一个巨大的磁场,把各种社会的教育力量吸纳和汇聚,成为"社会教育力"和"系统教育力"。如何更好地集聚"社会教育力",真正把教育变成全社会、全人类的事业,是未来基础教育改革与发展面临的重大挑战和重大问题。

在孩子的成长过程中,教育不是单方面的,需要家庭、学校、社会共同配合,这三者就像一条链子,任何一方脱节,都会影响到整条链子的完整性。教育是大家的,基于此,我们学校启动"红扣子"工程(图 1-3)。它是家庭、学校、社会合力教育共同体(英文为 FSC)。"FSC"既是教育共同体,又是学习共同体,全民共同关注教育,教育引领全民学习。因为掌握儿童未来命运的不仅仅是学校或老师。通过"红扣子"工程,合力资源,从家庭教养、国家意识、责任担当、知识储备、创新发展等方面形成共同体教育有效机制,让家庭、学校、社会形成教育合力,构建大家共建共享的教育生态;因为真正的教育,从来不是点石成金,立地成佛的技巧,而是一个春风化雨、自然天为的过程,就像是一棵树摇动另一棵树,一朵云推动另一朵云,一个灵魂唤醒另一个灵魂。

我们希望在教育的大家庭里,所有的光源在照亮他人的同时辉煌自己。

图 1-3　"红扣子"工程标志

三、大家学园的优美环境

一个好的学校要有一个好的环境。它包含两个层面：一是要有优美的生活环境，让师生有到校如归家的感觉，让学生从心底认识到这就是自己的第二个家，学生之间团结互助，师生之间相敬相爱，这里有人文的学校管理，教学秩序井然，生活空间紧凑，张弛有度，相得益彰；二是要有一个良好的校园文化氛围，校园文化是学校的简历，是一张明信片，对学校发展来讲是一种传承，是一种发扬。（图 1-4 所示为我校与区图书馆合力打造的"城市书房"。）

（一）优化校园的生活环境

从终身发展的教育观念出发，学校环境设计要有文化气息，要有掩藏的寻味。环境设计要有教育的元素，要有师生的创造，还要有环境设计的色彩概念和造型概念在潜移默化中对学生未来的艺术修养、文化品位、人生态度等打下深深的烙印，当环境感染人时，物与人也成了流动的风景，这是一种无形却有意的"汇聚美好的教育背景"。

我们常在想，学生是有生命的、生成的、生活的人，教育要做眼中有

图1-4　我校与区图书馆合力打造的"城市书房"

"人"的教育,它的本质是为了使学生获得最大可能的发展。而我们大多数的学校都在校园文化的建设上建起校园墙、文化墙,但这文化长廊无疑带着浓厚的成人色彩,很难渗入孩子们的心灵中。而真正美妙的教育场所,就是师生们亲自创造的空间。一棵树,一株草,一堵墙壁的粉刷,一个标志的设计,都是师生教育生活的成果。因此,我们主张校园里的每一处设施,包括每一个细节、每一个建筑、每一处绿化都应该精雕细刻,都要关注到我们教育中最重要的个体——学生,从学生的视角出发,关注他们的需求、兴趣来打造校园环境。校园应该围绕学生展开一系列布置,应该考虑怎样给学生最大的便利;因为我们学校建校时间比较长,空间比较局促,能利用和改造的空间已为数不多了。所以,我们把目光放在学校的走廊和楼道上。

苏霍姆林斯基曾经说过,要让学校的每一面墙壁开口说话,那么,具有怎样特征的走廊装饰物能符合学生的认知特点和规律,体现对学生的尊重,受到学生的喜欢呢?我们在思考走廊、楼道装饰应坚持多样化的呈现方式以产生新鲜感,提高学生的关注度,在空间上可以有传统的平面墙壁装饰和立体的植物、手工艺品、展板等装饰;在内容上由学生的作品、教师的作品、学校活动风采展示等内容共同构成。

（二）优化校园的精神环境

一所学校不但要有显性文化，还要有隐性文化，良好的校风应从每个细节入手，影响学生和教师的言谈举止，使师生在无形中受到教育，"此时无声胜有声"。校园时刻洋溢着正气，能让萎靡变得振作，让踌躇化为执着，让胆怯变为勇敢。当你一进城中小学的校门，醒目的"写好人生的每一笔"的校训就会映入你的眼帘，寥寥数语，要求师生在每一言、每一行、每一事、每一天，以至于人生的每一个阶段都要做真人，做优秀的人，这折射的是学校的文化基因和厚重的底蕴。学校2号教学楼下的四根柱子张贴着学生的书法作品（见图1-5所示），上面详细诠释了"心正笔正、身正行正"的校风；"身承匠心、身正学高、身传言教"的教风；"行品端正、学品兼优、位品高雅"的学风，通过在空间、内容、板块设置等方面对走廊装饰物进行创新，既迎合了学生的心理，提升学生的关注度，有利于走廊文化渗透作用的发挥，又能够使走廊装饰由平面走向立体，从单一走向多样，形成学校的特色文化。

同时，在走廊、楼道悬挂装饰物的高度，我们也充分考虑到学生的视角，关注到学生的身高。这样借助多种类型的走廊装饰物给予学生充分的自主权，能够使学生投入更多的时间和精力来感受和学习走廊文化，形成良好的道德品质和行为习惯，也有利于激发学生的想象力、创造力和动手能力，激励学生变得更加优秀。

让校园的每一面墙、每一根柱子都会说话，每一条通道都富有生命力，每一个设施都具有教育功能，营造充满生机的发展氛围，营造浓郁的文化氛围，创设良好的育人氛围，走廊文化成为浓缩我们学校办学理念的一道清新的人文风景线。

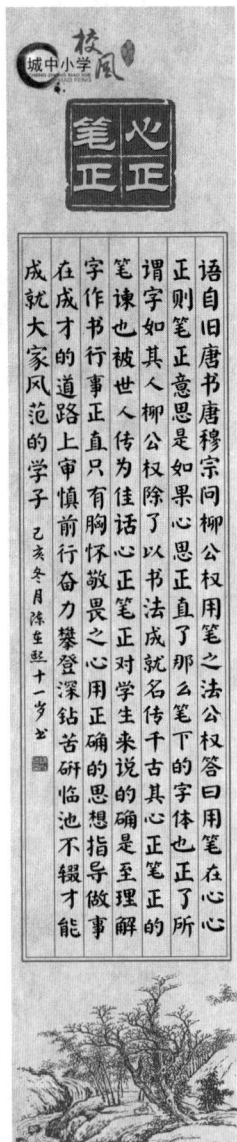

图1-5 学生书法作品

附:2019年秋季校长开学寄语

❋ 遇见最美,成就最好

寄语城中学子

亲爱的同学们:

阳光灿烂,金秋送爽,美好的新学期从现在开始了! 首先欢迎一年级的小朋友们走进我们这个快乐文明的城中大学堂,祝贺你们,从今天起,你们就成了一名光荣的城中学子,开始了求知、结友、探索的美妙之旅。

其他年级的孩子们,从今天开始,你们也升入了更高的一个年级。一分耕耘,一分收获。校长在此要送给大家几个词语作为新学期的见面礼物:爱国、爱校、习惯、阅读。

1. 爱我中华

孩子们,你们都是祖国的未来,要珍惜现在的幸福生活。今天,当我们站在鲜艳的五星红旗下,自豪和骄傲感油然而生,借用今年最流行的一句话送给大家:所有的中国人,你们要记住,你所站立的地方,正是你的祖国。你怎么样,中国便怎么样;你是什么,中国便是什么;你若光明,中国再不黑暗。每个中国人,都活成一束光,那么中国,必将是一轮闪耀的太阳! 孩子们,你们今天做祖国的好儿童,明天做祖国的建设者,美好的生活属于你们,美丽的中国梦属于你们!

2. 爱我城中

还记得一部国产电影《流浪地球》吗? 为了让地球和人类生存下去,全人类团结在了一起,这就是集体的力量。我们生活在城中这样一个大家庭中,任何一个小小的举动——例如为班级端来一盆水、捡起地上的纸屑、每天认真唱好国歌、仔细做好值日等,这些都可以让这个集体变得更好,也让我们自己变得更好。同样的,在这个集体中,好好学习、天天向上就是对老师的一种尊重;团结互助、真诚待人就是对同学的一种关爱。希望你们在新的学期里,在城中美丽的校园里做个快乐的小精灵吧!

3. 培养习惯

新学期,新气象,我们要严格按照《小学生守则》和《城中学子自我成长6+1》来要求自己,在老师的指引下,培养良好的行为习惯、学习习惯和生活习惯,我们的校园是我们自己每天生活的家园,同学们要做到语言文明、行为文明，爱护学校的一草一木、一花一物，不乱涂乱画，不随地吐痰，不乱扔纸屑和杂物。在校外遵守交通规则，不进网吧、游戏厅；在家尊重父母；在社会，做一个爱国爱民、遵纪守法、诚实守信、文明礼貌的优秀小公民。

4. 热爱阅读

一书一世界，一书一灯塔，新学期希望同学们继续与好书为友，用阅读丰富自己，充实自己。学校竭尽全力为同学们创造了非常好的读书条件，如：学校已和区图书馆共建阅读基地，我们可以尽情徜徉在书的海洋中，这学期将在校门口建设城市书房，校园那些开放的书吧、图书角随时随地欢迎同学们去阅读。

这个学期让我们共同努力，每天都满怀信心、做一个拥有好习惯的学生、不停地在书的海洋里遨游。孩子们，就让我们每天将微笑、感谢与赞美送给身边的老师和同学们，让微笑成为我们永远的表情，让感谢成为我们永远的口头禅，让赞美成为我们永远的习惯。

寄语城中先生

亲爱的老师们：

有人这么说过，把每一件简单的事做好就是不简单，把每一件平凡的事做好就是不平凡。的确我们教师就是这样身体力行的。教育的过程首先是一个精神成长的过程，然后才成为科学获知的一部分。我们一定要修炼职业精神，用爱去播撒、滋润学生的心田，用丰富的知识去开启学生的智慧，用优秀的人格去潜移默化培育学生的品德，用无私的奉献精神去熏陶学生的心灵。老师们，热爱读书吧，一个优秀的教师，必然是位有学习力的老师，绝对也是有着终身学习的意识、博览群书的老师。这样的老师绝不可能是一桶水，而是一条奔流不息的河流。

寄语城中家长

尊敬的家长们：

最长情的告白是陪伴，最美的姿态是一起奔跑。感谢你们信任与理解，我们是同盟军，是同一战壕的战友。教育孩子是细水长流的事业，我们共同竭尽全力为孩子们成长和成才而努力。在新的学期，请你们记住，无论你从事什么职业，你在孩子面前都要有一个追求进步、奋力拼搏的良好形象。试想，一个精神颓废的家长怎么可以指望孩子精神焕发、积极进取呢？同时我们要给孩子一个宽松的环境。我们必须认可孩子的不完美，宽容他的不足,也包括原谅孩子的错误。孩子在宽容的环境中长大,才能学会宽容,才不会陷入焦虑。

　　孩子们、老师们、家长们,千帆竞渡,百舸争流,让我们共同努力,勇往直前,去努力、去改变、去创造,让城中大学堂越来越好!

第二章

强国少年，吾家麒麟初长成

学生去学校干什么？

很喜欢我们小时候唱的校园歌曲《童年》里的那些歌词："池塘边的榕树上，知了在声声地叫着夏天。操场边的秋千上只有蝴蝶停在上面，黑板上老师的粉笔还在吱吱嘎嘎写个不停。隔壁班的女孩怎么还没经过我的窗前……"你看，如果以一个孩子的视角，他环顾四周，能看到这么多东西，他能看到池塘，他能听到知了，他能看到秋千，他能看到蝴蝶，他也能看到眼前黑板和老师，他也能看到隔壁班经过的女孩……你会发现有情怀有故事的、学生喜欢的校园，一定是在他的前后左右，所有的空间都和他有关系的这样一个校园。

那么在这样的校园里，要培养拥有怎样品德修养的学生呢？爱国情怀、社会担当、个人修养、合作交往………这些教育都不是孤立的说教可以完成的。只有触及儿童兴趣与需求的教育方法是最有成效的。朱永新在《未来学校：重新定义教育》一书中描述："教育最重要的使命是让人成为人，让人成为最好的自己，把每个人的个性、潜能充分挖掘出来。"因此，学校教育，是要让每个孩子都成为英雄，成为自己的英雄，让每个孩子眼里有光。城中小学以此为愿景，努力把每一个城中学子培养成具有中国情怀、世界眼光的中国公民。

第一节　吾家麒麟，时代的弄潮儿

"吾家麒麟"：旧谓为颂扬周王室公子之作，后因以麒麟比喻优秀子弟。

故美称自己家族中子侄之秀出者为"吾家麒麟"。而平潭岛也称为麒麟岛，麒麟集高洁、祥瑞于一身，它是尊贵、优秀、杰出的象征。孩子作为生命个体都需要被珍爱。他们的健康成长需要全体接触到的人和物的共同培植。因此，学校启动"蓝麒麟"工程，把城中学子称为"吾家麒麟"，旨在希望孩子们怀揣深远、博大、纯净的梦想，奋发向上，争做新时代的好少年。

具备大家风范的吾家麒麟应是明理诚信的文明少年，朝气蓬勃的阳光少年，饱读诗书的儒雅少年，心灵手巧的蕙质少年，心怀天下的励志少年，勇于创新的时代少年。

小学生无论在生理、心理、社会性还是个性的成长等方面都会有一个快速发展期，同时小学生在以上诸方面的发展都处在一个初级阶段，可塑性极强。因此，围绕校训"写好人生每一笔"，对每一个进入城中的学子都应有明确的培养目标：形成良好的个性素质，如良好的生活习惯、自我管理意识、节俭、诚信、同理心、敬畏生命和批判性思维等；还要形成社会性培养素质，如同伴交往、同情、宽容、社会责任感、团结与合作和时代素养等。在经过学校六年的学习和生活之后，每个学生都能行品端正、学品兼优、位品高雅，成为品质卓越的城中学子。

一、行品端正

爱国守纪，文明礼让，孝亲尊长，阳光健康。树信念，明事理，辨是非。正言行，成为具备大家风范的学生。

优秀的学生，应该是行品端正、富有理想、朝气蓬勃的。行品端正不仅要求学生具有感恩、责任、文明的道德内涵，还要有呵护生命的意识，养护生命的习惯，照料生命的能力，生活情趣健康优雅，生活态度积极乐观。从城中小学走出去的每一位学子都要能树信念，明事理，辨是非。不仅是知识的拥有者，而且是高尚品行的践行者。我们经常说，学校教育的最终目的是培养具有幸福生活能力的人，并能帮助别人幸福生活，应该培养精神高贵的人，拥有正义、仁慈的精神底色，有教养，有责任，有担当，以高贵的精神赢得社会地位。

学校把这个最终目标用自己的话语、自己的方式，阐释得更清晰、更透彻。为了让学生有正义、有担当，我们开设了国防教育，组织了寻找家族崇尚品格、走进传统文化现场、"温暖你成长自我"志愿者、"红领巾，我们为你自豪"新生入队等活动。为了培养学生的家国情怀,通过每日晨诵午读、每周二的全校班队会直播课、主题班队会、每周三下午的两节社团课等对学生进行价值引领,学生正确价值观的树立是学校教育成果的最有力体现。学生在不断体验中认识自我,在不断探索中更加清晰自己的志向,这就是学校文化的渲染,是对学生最有力的教育,也是学校精神的内涵所在。

二、学品兼优

崇尚真知,乐学善思,善于合作,勇于创新。成就全面发展、学有所长、品学卓越的现代公民。

品学兼优出自曾国藩的《致四弟·宜常在家侍候父亲》:"明年延师,父大人意欲请曾香海,甚好甚好! 此君品学兼优,吾所素佩。"品学兼优意味着学生的品德和学业都很优秀,即学生成长为会做人、会学习、会做事,全面发展,学有所长的优秀人才。

我们的教育应该千方百计增进学生的智慧,让他们做智慧卓越的人。有知识的人不一定是有智慧的人,有智慧的人一定是有知识的人。学生对于世界的认识就是通过不同学科、不同课程、不同学习内容,理解世界运作的核心概念与核心思想。这一切都需要卓越的学习品质。

"习惯形成品质,品质决定人生。"在学习上,许多良好的习惯都是逐渐养成的:上课认真听讲的习惯,即刻执行学习指令的习惯,积极参与课堂交流的习惯,限时完成指定学习任务的习惯,遇到疑难问题及时求教的习惯,等等。引导学生经常做自我反思,看看自己的某个必备习惯甚至是某些习惯在养成上是否欠工夫,如果养成不够,那就是自己与别人的差距,就要尽快养成良好的学习习惯和品质,努力缩短差距。教师可运用"行为心理学"的研究成果——"21天效应"理论指导学生的习惯养成。"抓住课堂"至关重要。"时刻跟着老师的教学思路,按照老师的引领有序地参与教学互动"是最为核心的品质。

教师要时时教育学生,每个人都要把握好自己的品行,克服自身的某些不良行为习惯,努力实现自我管理。要告诫学生,优秀的品质要比优异的成绩更珍贵。所以,我们教师的责任,不仅仅在于传授知识,还要注重学生能力的培养,更重要的是引导学生逐步形成良好的学习品质。因为,优秀品质可以成就学生的美好未来。

三、位品高雅

国际视野，包容开放，内外兼修，气质高雅。学、研、做一体，树立实验区"麒麟儿"之栋梁形象。

学校着力培养学生成为有激情有品位的生活者，生命充满热情，拥有美丽的心灵和丰富的情感，成为美的发现者、欣赏者和创造者，优雅而有品位。

教育不能过度关注单一的技能，而要通过文学与艺术的熏染，培育美丽的心灵、丰富的情感，使孩子充满激情，过有创意的生活。

有品位的领导群体、有品位的教师队伍，有品位的学校行为场，都是为了一个终极目标：打造有品位的教育，培育有品位的学生。只有有品位的学生，校园文化才是鲜活的文化，校园才是一个有品位的学校。

以理想教育为抓手。北大校长蒋梦麟曾说："理想、希望和意志是可以决定一生荣枯的最重要因素，教育如果不能启发一个人的理想、希望和意志，单单强调学生的兴趣，那是舍本逐末的办法。只有以启发理想为主、培养兴趣为辅时，兴趣才能成为教育上的一个重要因素。决定一个人一生荣枯的理想往往是在青少年时代树立的，学校根据学生情况和教师的思想状况，结合"写好人生每一笔"的校训，坚持对学生进行理想教育，坚定不移地认为学校就是要培养有理想，有抱负，能吃苦耐劳，能艰苦奋斗的学生，要让学生"堂堂正正做人，快快乐乐学习、健健康康成长"。用丰富多彩的活动，推动学校理想教育，如举行"我们心中的偶像"读书交流活动、"我在书中等你"好书推介、校园征文活动、"读书点亮心灵　墨香润泽人生"书香墨香校园系列活动、"开笔启蒙　弘道养正"城中小学新生入学教育等系列主题活动（见图 2-1 所示），以此来激发学生树立理想，珍惜现在的幸福生活，努力学习，追求梦想，从思想上引导学生走向积极健康的人生之路。

以小事、小细节来落实。坚持从放学路队、出操列队、集会快速安静、就餐有序、就寝安静、读书大声、写字整洁、行为举止文明尔雅等基本规范抓起，扎扎实实抓好行为训练，培养文明的习惯（见图 2-2 所示）；充分发挥学生礼仪督查岗、纪律督查岗、卫生督查岗、就餐督查岗、锻炼督查岗作用，培养学生自主管理能力，形成知荣明耻、知书达礼的内在气质和干净利落、训练有素的外在作风。比如，关于礼仪，利用礼仪节对新生进行专门的礼仪训练；每学期组织进行书法比赛。

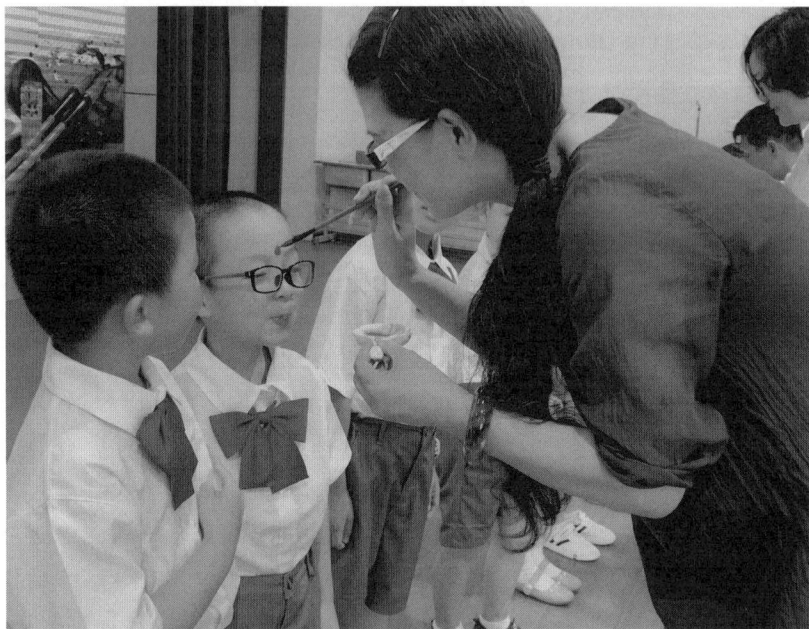

图 2-1 一年级新生入学"开笔礼"活动

图 2-2 一年级学生列队出操常规活动

用综合实践来提升学生综合素养。建立校内外德育基地,指导学生深入社区,到大自然、农场、大中型企业、科技馆、博物馆、大学开展社会实践活动,定期举办读书节、课本剧表演节、武术节,歌咏比赛、英语演讲比赛、英语情景剧比赛等主题活动,丰富情感体验,提高实践能力。开展"阳光读书"活动:每个班级建立读书角,开展读书漂流活动,"书香校园"成为学校的主题文化,浓浓的书香洋溢在校园的每一个角落。

把大型活动常规化,学校利用大型的活动培养学生的品位。比如,"金麦田"社团,"迎春送福,共享吉祥"师生书写春联活动(如图 2-3 所示)。校园文化是一种群体文化,它体现在学校的一切活动中,而大型活动往往更能培养学生的团体意识、创造意识,培养学生的综合能力。正如,东风扬起,碧波万顷,麒麟展翅,凤栖梧桐。平潭麒麟岛正塑造特色旅游品牌,打造"国际档次、本地特色"的国际旅游岛。与时代接轨,我们启动"蓝麒麟"工程,旨在希望城中学子怀揣深远博大、纯净的梦想,奋发向上,争做新时代的好少年。

图 2-3　"迎春送福,共享吉祥"师生书写春联活动

第二节　赋能教育,点亮成长目标

优秀是一种气质,优秀是一种状态,优秀更是一种习惯。优秀习惯的养成需要有强大的内驱动力。20 个世纪 80 年代,邓小平同志就提出了"教育要面向现代化,面向世界,面向未来"。而要实现这个目标,必须遵循教育规律,全面贯彻党的教育方针,培养学生的内驱力,赋能学生、赋能教育体制,以赋能思维推动教育转型!

阿里巴巴学术委员会主席曾鸣提出:"未来组织最重要的职能是赋能,而不再是管理或者激励。"

一、理解赋能,写意教育过程

教育要为未来人生赋能。教育既要对当下负责,又要帮助孩子为未来人生做好准备。随着人们对教育的关注度、需求度越来越高,日益功利化的教育正在不断地受到诘问。许多学校把分数与就业看成教育至高无上的追求,异化为我们整个教育的原点和教育的重要追求。这促使我们重新审视教育:教育到底是为了什么? 教育的原点在哪里?

鲁洁认为教育的原点是育人,教育的根本要旨就是为了促进人的发展;苗杰认为教育并不能以人之外的某种东西为终极目标,而应该以生命的教育为"本"、为"根"、为"源",把促进人的全面自由发展作为最高目标、终极目的;孟建伟认为教育源于生命发展的需要,教育应用知识启迪智慧,将智慧融入生命,最终提升生命的意义;也有很多学者提出理解和尊重才是教育的原点,只有理解学生的独特心理、尊重学生的独立人格,学生才会张扬个性,将来才会有幸福的人生。

赋能教育重视个体内在的需求,它尊重个体的权利,强调的是积极视角。教育是一种互动过程,双方均有权利和义务。赋能更加强调受教育者的权利,这不仅是从公民身份的角度去看,更是认为只有让受教育者充分发挥其权利,参与到教育教学活动中来,他才能感受到被尊重,才能够自主去发挥、去创造,能量才会被激发。由此看来,赋能主张每一个人都是向善的,每一个人都拥有成长的力量,他们的内心中蕴藏着丰富潜能。教师以学生的生命发展为教育使命,珍惜学生生命中潜在的可能性,在教育中,以积极的框架来看待学生,肯定学生已具备的优点、已经尝试过的努力,发掘学生独特的禀赋,让学生能在正向而非责备贬抑的氛围中,不断地赋能,获得自身能量的提升与成长,才是真正的教育。

二、运用赋能,予以美好人生

教育最重要的是让孩子拥有健康的身体,拥有对生命和生活的热爱,学会终身学习、精神自由、行为自律。在未来的教育中,教师不仅教书育人,更重要的是把学习力赋能给每一位学生。学校应从保护学生权利的视角,尝试在课堂和课程之中最大限度地赋予学生的学习权,确保每一个学生得到适合的发展。佐藤学说,学校和教师的责任并不在于"上好课",而在于实现每一个学生的学习权,给学生提供挑战高难度学习的机会。为此,我们应该尊重学生自主选择自己喜爱的知识进行学习的权利及能力;在这过程中,儿童能够选择自己喜欢和擅长的学习方式去学习。未来教育的思路,便是帮助每一个孩子提升孩子的综合能力,做最好的自己(见图2-4所示)。

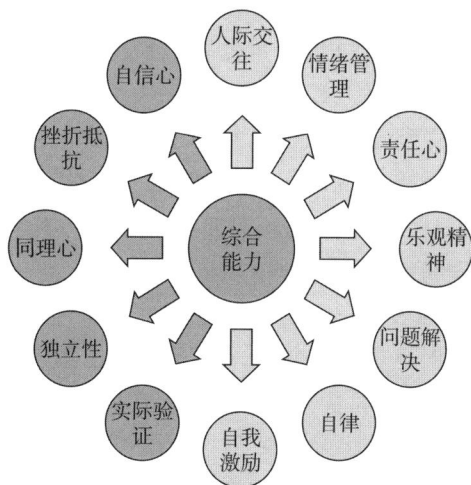

图 2-4　学生需要提升的各项综合能力

在学校教育中,追求教育公平,需要在发展每一个的基础上,更要着眼于具体的这一个,让不同的学生尤其是后进生都得到发展。对学生赋能,可以通过量表调查和教师观察,对学生的学习个性特征做测评,具体了解每一个学生的学习类型,并给教师、家长提出教育建议,要求教师在备课时照顾到不同学习类型学生的需要,以促使教学让每一个学生受益。同时,对于学习后进学生,学校应该给予更多的关注和引导,通过一些专业的个别化辅导,提升学生的学习力。

美国教育家波利亚曾经说过:"学习任何知识的最佳途径是由自己去发现。因为这种发现,理解最深,也最容易掌握其中的内在规律和联系。"学生参与课堂就可以促成自己去思维、去实践、去探索、去发现,提高课堂教学效益。同时,学生应该是学校的主人,给予学生的参与权,还包括允许学生对学校的各项事务表达自己的见解,鼓励学生献计献策。甚至,学生的一些管理事务也可以让学生去策划和组织。如有些学校选聘学生做校长助理,行使管理权和建议权;有些学校在学生中征集校园环境布置建议,从学生视角出发美化校园;有些学校成立校园仲裁小组,招募学生加入,鼓励他们依据规则对学生的违纪事件提供仲裁等。这些活动激发了学生的主人翁意识,可以更好地培养学生的公民意识。

三、自我赋能,成长 6+1 行动

道德品质、行为习惯、价值信念的养成和树立,终究是一个人自主建构的过程。怎么帮助其自我建构,才是教育工作的要点。入校问好、入室则读、文具规范、路队整齐、每天运动、勤于思考、学习认真、坐车文明等。城中学子自我成长 6+1 行动的标准依托宣传教育、模范引领、强化活动、评选激励等方式,让优秀准则成风,让好习惯成为自然。系红领巾、敬队礼、戴安全头盔、不横穿马路……这些都是正常的准则,都需细细教养,时时强化,把简单的事情做精细,让平凡的人生成就卓越。

一声问好,温暖你我——一张笑脸,一句问候,感受温馨,学会尊重。文明是一道风景,文明更是一张名片。

通过一声问好等文明礼仪的养成教育,使学生逐步养成尊敬师长、礼貌待人的优秀品质,为学生将来做文明的社会人奠定良好的基础。为了让文明礼貌成为习惯,学校推行晨省昏定礼仪,学生在校门、走廊、学校每个角落,见到老师主动问"老师好",遇见老师时主动停下,微微鞠躬或点头问好。遇见两个及两个以上的老师,问"老师们好"。同学间要面带微笑互相问候"你早""你好",可点头、招手。善于主动问好的孩子热情阳光,也更讨人喜欢,因为文明礼貌习惯对孩子自身素养的形成起到了重要作用。

一根跳绳,健康伴我——人人一根绳子,大课间人人参与,跳绳人人达标。

为了更好地推动我们学校体育活动的开展,提高学生的身体素质,丰富学生的课余活动,扎实推进阳光体育运动的开展,学校高度重视对学生体质的锻炼和提高,校园内积极推行"每天锻炼一小时,幸福生活一辈子"的运动理念,启动了"快乐健身,全员跳绳"活动。全体学生每天在家实行跳绳打卡,学校利用每天的大课间,全员练习跳绳,体育组编排了新颖的动感十足的绳操,供全校学生使用。同时强化学生体育课和课外锻炼,规范体育课课堂流程,倡导"出汗、喘气、心跳"的标配体育课,并通过实施体育与班级管理相挂钩的"捆绑制"量化,调动班级对学生体质、健康的重视,使学校阳光体育运动得到了蓬勃发展。

一本好书,智慧随我——博览群书,让阅读成为一种习惯;坚持练笔,以习作分享阅读收获;熟背经典,从诵读中获取正能量;引领阅读,带动身边朋友共同学习。

学校围绕基于学生视角下的阅读空间、方式、内容、习惯、评价及宣传上的开放,构建"六化"的开放性阅读模式,让阅读像呼吸一样自然,努力营造阅读氛围,以书香长廊吸引,城市书吧全天开放,随时供阅,把学校图书馆的书搬进教室读,教室设"好书推荐角",开展"作家进校园"活动,推进师生共读,亲子共读,网络共读,以及形成阅读数字评价机制。每日"晨诵午读"养成每位学生书包一本书的习惯,主要通过每日晨诵午读的两次集体性阅读,每周两次亲子阅读打卡,古诗词考级机制,每月阅读分享平台等推进阅读活动持续健康开展。

一手好字,行正如我——坚持每天练字,书写规范工整,学校坚持每天检查双姿,做到人人过关。

为了确保书法工作整体规划的顺利实施,学校努力取得各级领导部门的资金支持,近五年来,学校投入 100 多万元,将书法与校园文化建设有机结合,注重规划布局,从大局着眼,从小处着手,营造墨香校园。建设书法主题公园,建设书法文化墙,建设书法专用教室,另外,学校宣传橱窗开辟了书法专栏,我们创办的《城中小学校报》和《城中小学书法报》里选登着学生的书法作品,就这样,通过一条廊、一处景、一面墙等的精雕细琢,弥散墨香的校园环境文化已悄然形成。

一个问题,创新有我——鼓励提出问题,培养问题意识,学习智能编程,培养创新精神。

在人工智能大数据时代,少儿编程作为 AI 时代的一门启蒙学科,编程思维就是"从发现问题到解决问题"的思维过程,全球 34 个国家逐步将编程纳入基础教育体系。我们把少儿编程加入孩子的学习课程体系中,它是图形化编程语言,把原来文字的代码编程语言转成图形模块化、指令化,以游戏、情景动画、积木构建的形式呈现。旨在培养孩子的九大能力:观察力,想象力,创造力,逻辑思维能力,问题解决能力,空间思维能力,判断性思维能力,序列与条件能力,调试操作能力。我们积极创新,课程目标坚持面向世界,推进教育国际化,扩大学生国际视野,全面提升学生国际交流、合作、竞争等国际素养。

一场研学,发现新我——行走的过程,也是研究历史,欣赏自然,学习常识,探究文脉,展望未来的奇妙课程。

世界是本最大最厚的教科书,生活更是一个大课堂,研学旅行是常规课堂的延伸,更是学校教育和校外教育衔接的创新形式。学校积极创造机会,鼓励学生走出学校,拥抱世界;读万卷书、行万里路、写千篇文、交四方友。因此,学校常在假期组织和带领学生走进自然,融入社会,让学生在研学旅行中开拓视野,增长才干,丰富知识,每回研学活动,出发前研学团队都要明白研学的任务、评价的标准,按照标准去顺利完成任务,规范我们的研学活动,形成研学课程,构建亲近家乡、走出岚岛两大主题的学程。学知识,也要长见识,孩子们学会从社会、大自然中汲取自身发展的力量,同时锻炼了自己的实践能力、团队协作能力、问题处理能力。

一项特长,遇见最美自我——以艺术教育为突破口、以写字教育为切入点、全面实施素质教育的办学特色,让每个学生掌握一项专长,培养健康、乐观、自信的生活情趣,形成健全人格,让每一颗心灵都快乐幸福地成长。

艺术教育的开展,不仅体现在美术、音乐等艺术科目中,也体现在其他学科中实施。我们力图打通艺术学科与其他学科的壁垒,使艺术课程向其他学科渗透,让任何一门课程都可能成为艺术的课程。也就是说,艺术课程不仅仅是音乐和美术的课程,也可以是如"语文课中有音乐和美术,数学课中有美术"的这样一种可以在任何学科开展的课程。如,我们学校在参加区经典诵读比赛时排练的诵读节目就把书法、诵读、音乐以及舞蹈融合在一起,这样的活动就不是单纯的学科阅读、朗诵,而是一个融合了多门学科、有着强烈仪式感、弥漫着艺术气息的综合实践活动。同时,艺术素养的培养是不能急功近利的,而是一个慢慢浸润熏陶积累的过程。正如普通书法爱好者和书法家的成长过程都是一样的,由生到熟,由简到难,由难到简。这个熟能生巧的练习过程是艰苦的,同时也是美好的。为了丰富学生的精神文化生活,促进学生个性特长的发展,培养学生的美好品德,学校根据自身的优势资源,开展了21个社团活动。

这些标准的订立,给所有城中学子一个养成良好习惯的方向,让他们在学校学习做事有了具象化、可操作的方向。同时,每个学期根据城中学子自我成长 6+1 标准,评选出一批批优秀的"城中少年",如:文明少年、阳光少年、阅读少年、书法少年、智慧少年、研学少年、才艺少年等。

21 世纪是科技革命的新世纪,是知识爆炸的时代。每个人都不可能在学校学好今后走上社会所需的一切知识。随着社会的发展,每个人都必须在生产实践中根据需要不断学习、充实、完善。因此,每个人还必须把培养自己不断学习、善于学习的能力放在重要地位。现代人必须终生学习,终生自我赋能。

第三节　习惯夯实,打造未来名片

自我赋能要有优秀的习惯护航,因为习惯是个体素质内化积累水平的重要指标。教育家叶圣陶老先生曾经指出:"简单地说,教育就是要养成习惯。"同样,在我国古代,也早就有了"少年若天性,习惯成自然"的说法。其实,一切教育都可归结为养成学生的良好习惯,习惯真正是一种顽强而巨大的力量,它可以主宰人的一生,因此,人从幼年起就应该通过教育培养一种良好的习惯。儿童在习惯上或多或少存在一些有待完善之处:任性、霸道;缺乏与他人合作的精神和责任感;缺乏环保意识和独立生活的能力;集体观念淡薄,意志力薄弱,不能面对困难和挫折……这些问题严重影响了青少年学生的身心发展。培养学生良好的行为习惯对于我们教育工作者来说是至关重要的,它将影响学生的一生。因此,学校明晰什么是五爱少年,并出台了一系列措施来规范学生的行为,把学生培养成德智体美劳全面发展的优秀的"吾家麒麟"。

一、创编歌谣

(一)吾家麒麟五爱之歌

爱祖国：明国情　知国史　亲国土　立国志
爱人民：孝尊长　敬师友　善合作　乐助人
爱自然：讲卫生　勤节俭　护生态　倡环保
爱社会：明礼节　守规则　勤劳作　爱公益
爱自己：会自理　学自护　严自律　扬自信

从歌谣入手进行校园德育，能使学生更易于接受与喜爱。基于此，我们创编了歌谣《五爱少年》(如图 2-5 所示)，将抽象的德育目标具象化。"红

图 2-5　吾家麒麟五爱少年

领巾广播站"定时播放歌谣内容,将我们的德育歌谣通过"听"的形式输送给学生,既不会给孩子们带来课业上的负担,还能让大家在课余时间轻松一刻,大家一起唱唱、跳跳、拍拍手,将五爱的种子植入学生的心田。

（二）城中少年仪表礼仪三字歌

新时代,讲文明,好少年,树新风。
懂礼仪,在言行,好习惯,贵养成。
坐立走,要规范,古有训,记心间。
站如松,坐如钟,行如风,喻意明。
要做到,有技巧,眼平视,面含笑。
身立正,精神好,挺起胸,要记牢。
重仪表,讲身份,穿和戴,有学问。
首整洁,次美观,要大方,要自然。
按校规,穿校服,不攀比,宜朴素。
仪容美,贵洁净,勤洗手,衣冠整。
背容直,头容正,胸容宽,肩容平。
爱清洁,保健康,讲卫生,促成长。

学校通过编写朗朗上口的《城中少年仪表礼仪三字歌》,来影响和规范学生的言行,让文明礼仪自然融入学生课堂。各班利用班队课和课前准备三分钟时间,组织学生学习背诵《三字歌》,定期利用主题队会的形式来教育学生用礼貌语、做文明事、当文明人等,以丰富的礼仪知识、多彩的礼仪活动,使礼仪常识深深扎根在学生心中,使讲文明、讲礼仪成为每一个学生、教师的自觉行为。

二、细节夯实

（一）管理社团

"文明无小事,大家齐参与。"校园是家,家中成员分工明确,各司其职,各负其责。教师、家长,更有一批文明督导员,"管理社团"的招募分类、细则、评价、激励,学生自主参与,督导他人的同时警示自己——"家园的文明我们担当""编写文明礼仪操,强化学生文明礼仪行为规范""播下一个行动,收获一种习惯;播下一种习惯,收获一种性格;播下一种性格,收获一种命运"。

表 2-1 学校"管理社团"一览表

总负责人	社团名称	督导人数	任务	岗位分布
管理社团	礼仪督导部	28	督查学生进出校园是否佩戴红领巾、说脏话、推拉扯、衣着整洁、打架、乱扔垃圾、破坏公物及是否带零食进校园；表扬好人好事	校门口安排4人，楼层巡查20人，操场4人
	环保督导部	24	督查各班班级及包干区、卫生间卫生	1～2年段班级卫生安排12人，3～6年段包干区安排8人，卫生间安排4人
	纪律督导部	20	督查学生是否在楼道连廊奔跑、尖声怪叫、打架闹事；损毁公物、攀折花木、践踏草坪、路队等	操场安排8人，花圃、停车场安排12人
	运动督导部	28	督查各班进退场秩序、精神面貌及两操完成质量和巡查各楼层	操场3个入口各安排2人负责，操场安排12人，楼层巡查安排10人
	诵读督导部	20	督查各班学生是否按时进班诵读、是否做与诵读无关的事、是否有领读及教师是否在场	每层安排2人

（二）成长社团

没有爱就没有活动，没有兴趣就没有学习。教书育人在细微处，学生成长在活动中。依托校内资源、家长资源、社会资源开展丰富有趣的社团活动，学生自主参与，随趣参团。目前学校有 21 个社团活动长期开展，最大限度地为学生提供发展平台，挖掘潜能，发展个性。"人人参与，个个发展。"鼓励学生根据自己的爱好、兴趣和特长，积极加入社团活动，让不同的学生都能在社团活动中找到适合自己发展的舞台。学校保证固定的时间（每周星期三下午第二、三节课）为社团活动时间，并配备专业的老师负责组织学生的社团活动。

学校还定期组织开展社会自愿服务活动，研究性学习、小发明展、歌咏比赛、诗歌朗诵会、文艺汇演、写作比赛、体育竞技比赛、书画摄影展等实践活动，充分给学生发展的空间和展示的舞台。通过社团活动，我们就能更好地发现每个学生所具有的特长或某种良好的品质。学校还对表现突出的学生按特长分类评选出"城中七大少年"和"校园之星"，如文明之星、阅读之星、艺术之星、劳动之星、科技创作之星、体育之星、进步之星……学校进行隆重的表彰。这样，实施多元化评价，就能最大限度地关注到大多数学生，使大多数学生都获得激励，获得成功，获得信心，获得发展。只有这样才能切实地落实素质教育的理念。

三、活动引领

（一）校园主题活动

除了日常师生的课堂教学活动，学校注重开展形式多样的校园活动，利用活动育人，让学生在亲历体验中培养能力，发展自我。在多年的实践过程中，学校逐步探索出了活动实践养成教育的初步模式，并充分挖掘学校现有的有利资源条件，针对学生现状，开展了大量针对性较强的活动，收到显著效果。

三礼：入学礼（图 2-6）、成长礼、毕业礼。

六节：感恩节、读书节、书法节、才艺节、实践节、体育节。

主题性节日活动：运动会、六一节系列活动、安全教育、禁毒教育……

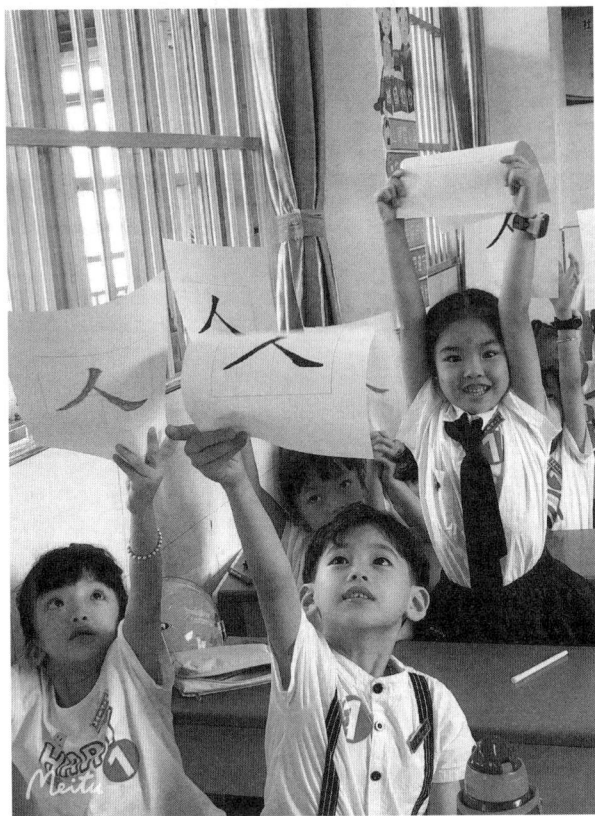

图 2-6　城中小学入学礼

表 2-2　学校德育主题活动

年级	教育主题	主题活动
一年级	1. 课堂礼　　2. 课间礼 3. 集会礼　　4. 用餐礼 5. 着装礼　　6. 做客礼 7. 出行礼　　8. 节日礼(传统文化节:春节)	红领巾飘扬　梦想起航
二年级	1. 合作的学问　　2. 合作的伙伴 3. 合作的快乐　　4. 合作的烦恼 5. 合作的学校　　6. 合作的家庭 7. 合作的社会 8. 合作的节(传统文化节:端午)	快乐小报　合作分享

续表

年级	教育主题	主题活动
三年级	1. 感恩老师教导我　2. 感恩祖国养育我 3. 感恩母校培养我 4. 感恩重阳一家亲(传统文化节:重阳) 5. 感恩自然陶冶我　6. 感恩父母疼爱我 7. 感恩他人帮助我　8. 感恩挫折磨炼我	护蛋行动　感恩母亲
四年级	1. 听孔子讲诚信　　2. 向书籍学诚信 3. 在身边讲诚信　　4. 思言行　悟诚信 5. 诚信、诚实与诚心　6. 诚信、理想与信仰 7. 诚信、责任与公德心 8. 中华传统节日:清明	十岁生日　诚信奠基
五年级	1. 争做公益小明星　2. 争当校史讲解员 3. 争架结对爱心桥 4. 争献温暖过中秋(传统文化节:中秋) 5. 追寻雷锋的足迹　6. 植绿护绿在行动 7. 体验校工一日行　8. 公共设施小卫士	雷锋精神　你我传承
六年级	1. 知名校友我知道　2. 民主选举我参与 3. 乞巧佳节我祝福(传统文化节:乞巧) 4. 平潭文化我了解　5. 渊源历史我探寻 6. 网络道德我遵守　7. 回眸六年我怀念	感恩母校　回首六年

(二)传统节日主题活动

以中华传统节日如春节、元宵、端午等重要节日为切入点,深入开展形式多样的传统节日主题教育活动。充分发挥优秀传统文化的滋养和引导作用,使学生从了解我们国家传统节日这个角度来初步培养他们对祖国传统文化的兴趣以及认同感和自豪感,逐步体会其博大精深之处,以此形成良好的品德。

表 2-3　传统节日课程实施一览表

节日	教育意义	项目内容	重大活动
元旦	爱国主义教育	元旦来历、衍变、中西方元旦的区别	元旦诗歌朗诵
春节	热爱传统文化教育	元旦来历、风俗习惯、敬老爱幼	亲子活动

续表

节 日	教育意义	项目内容	重大活动
元宵节	热爱家乡教育	闹元宵、赏花灯、猜谜语	猜谜语
清明节	缅怀先烈教育	烈士墓扫墓、网上祭奠先烈	网上祭奠先烈
端午节	爱国主义教育	端午节来历、习俗、龙舟竞渡	观看龙舟竞渡
中秋节	热爱家乡教育	中秋习俗、传说、故事、诗歌、音乐	书信征文活动
重阳节	尊敬老人教育	中秋习俗、为敬老院做好事	为敬老院做好事
国庆节	爱国主义教育	观看爱国影视、开展系列活动	爱国主义歌咏比赛
冬至	团圆教育	冬至习俗、与远方亲人视频	与远方亲人视频

四、多元评价

积极行为养成与支持系统不是基于经验，而是基于实证数据的科学评价体系。我们需要对全校师生的行为进行记录，收集大数据，进行数据统整分析，了解哪些行为习惯需要加强、哪些地方容易产生行为问题等，再以此为依据进行行为规范的制定与落实。在积极行为的培养过程中，我们制定了城中小学学生成长记录手册（如图 2-7 所示），能够及时记录和收集学生的行为，为我们追踪、监控和完善积极行为提供了技术支持。在学校层面，我们根据数码学校的记录进行整体数据分析，弄清楚不同行为要求的落实情况，哪些地方还有待进一步强化，不同年级学生积极行为的不同表现，等等，并根据这些数据分析制订下一步的工作计划及完善措施。就学生个体而言，教师对学生积极或者消极的行为进行记录绝不是"记黑账"，而是为后面有针对性地进行支持与干预保存实证数据便于分析学生的可见行为，把握规律，更有效地帮助学生行为记录的过程与行为评价实际上是相辅相成的。如前所述，根据评价主体的不同，我们制定了不同的行为记录表和评价量规，包括学生之间的互相评价、老师评价和家长评价等。

图 2-7　各年级学生成长记录手册

第四节　校园劳作，丰实生活阅历

从校园小社会开始，学会自我管理，学会合作分享，学会担当责任，学会精耕细作，学会思考研究。人人都是付出者，人人也是受益者。因此，我们设立礼仪管理员、卫生管理员、场馆管理员、花草管理员、书籍管理员、设备管理员及路队管理员等岗位，把难以触摸的"素养"，变成可以培养的"习惯"——校园劳作的自我管理。多年的劳作教育实践，帮助我们厘清了儿童所需要具备的劳动素养，包括正确的劳动观念、积极的劳动态度、丰沛的劳动情感、充足的劳动知识、适合的劳动技能、活跃的劳动思维、强健的劳动体魄等。基于此，我们将劳动教育目标具体归结为三个方面：以劳动培育理想、以劳动发展本领、以劳动历练担当。

一、"四园联动"的劳动课程

确立了这样的劳动教育的目标，怎样联动学校各个维度，让劳动教育贯通在不同场域，在不同情景中发生迁移呢？

学校一直秉承"走自然生长教育之路，办有温度有故事的学校"的办学理念，我们开始思考建构校园、田园、家园、社园"四园联动"的劳动课程，场域联动、学科融合与学段延展，这样劳动教育就打破了边界，和学校的各个"学习场"融通联动了起来。

再细分，我们根据学生年龄特点，课程设计分低段、中段、高段三个级段，依据日常生活劳动、生产劳动、服务性劳动的要求，形成了更具体的课程目标。

表 2-4　各年级劳动课程目标

年段		课程目标	课程类型
四园联动劳动课程目标	低段（一、二年级）	劳动意识得到启蒙，在劳动中学习日常生活自理的基本技能，体会劳动的乐趣，明白人人都要参与劳动	校园劳动田园劳动家园劳动社园劳动
	中段（三、四年级）	养成良好的卫生、劳动习惯，做好个人卫生清洁、班级和责任区卫生基本清洁，主动分担家务，愿意在学校和社区进行义务劳动，具备基本的认真负责和吃苦耐劳精神	
	高段（五、六年级）	形成正确的劳动价值观，懂得如何在劳动中与他人合作，能够在劳动中发现问题并创造性地解决问题。适当参加社会组织的公益劳动，有一定的职业意识，以劳动为荣	

综合四个板块劳动课程和不同学科的价值与意义,我们尝试着根据儿童认知规律将课程结构分为基础型、拓展型、进阶型。其中基础型指向劳动意识的普及与认知,拓展型指向劳动习惯与生活劳动技能的培养,进阶型趋于高阶劳动素养及劳动价值观的进阶培育。

课程系统搭建起来后,劳动课程体系到底如何介入实施呢? 课程内容如何编排? 具体推进路径怎样协同实施方法呢? 以下便是我们的探索与实施。

二、以自主管理涵养劳动品德

在学校,劳动教育体现在儿童每一天的校园生活中。每天清晨,校园里不仅能听到琅琅的读书声,还能看到蹲在地上用抹布擦楼梯的学生。学生来到教室的第一件事不是立刻读书,而是拿起劳动工具到班级卫生区打扫卫生,用劳动打开一天的美好光景。

我们学校的教学楼的打扫清洁工作全部由学生完成。每学年开学,学校将整个教学楼根据班级数量进行区片划分,每个班级分到属于本班的责任区域,从开学第一天起,学生每天固定在早读前、大课间、午休后、放学后打扫卫生区,他们的每一天从劳动开始、以劳动结束,将"干净、有序、读书"的校风践行在每天的劳动中。

目前,校园卫生工作已经建立了一套成熟的管理与评价机制,为了激发学生自觉劳动的积极性,学校劳动工作的落实、管理、评价等都由学生完成。

(一)学生落实

班级设立"劳动委员"岗位,劳动委员在保证每个学生每周都有劳动任务的情况下,建立小组轮班制。学校设立校园义工岗位,共同维护校园其他公共区域的卫生情况。

(二)学生管理

值周班级在固定时间对每班卫生情况进行检查,检查结果交由大队委学生干部进行汇总,并对当天卫生情况好的班级,在每天中午的校园广播中进行表扬。

（三）学生评价

大队干部根据值周生统计的卫生情况，每周评选一次"星级班级"，并在升旗仪式上颁发奖牌。由于学校良好的劳动氛围，"星级班级"是每个学生最重视的一项集体荣誉。

在学校，"低下头、弯下腰，流下汗水，收获成长"，劳动已经成为学生的习惯。周周有主题，事事有清单，让劳动成为常态。家园劳动课程旨在帮助儿童坚持每周在家劳动，所以每周都有主题。比如学期第一周的主题是"我要整理家里书柜"，第二周的主题是"我为父母整理衣柜"，第三周的主题是"我给爸妈洗衣服"，共 20 周 20 个主题，学生在周末与家长一起完成家政作业单。

家园劳动课程以劳动为抓手，帮助学生学会弯腰、学会用双手解决问题，体验与困难打交道，感受劳动带来的成就感。有学生说："在完成家政课程作业时，我能感觉到自己长大了，分担家务也是我的责任。"

从学科课程到家政劳动课程，从在校奋笔疾书到家里弯腰劳动，"做"是智慧的出发，"劳动"是修心的开始，看得见的劳动蕴含着看不见却关乎学生一生的重要素养。

三、家校联动，合作共育

除每周家政主题作业外，结合学校实际情况，我们还有意识地开发、形成了一系列家校联动基本方式，用制度保证家园劳动教育的有效推进。主要涵盖：

（一）家长课堂

每个班级的家长来自各行各业，利用家长资源对学生进行职业教育是很好的途径。每学期老师都会对家长的职业、特长进行统计，结合家长意愿设置"班级家长课堂课程表"，通过家长进班上课，孩子们能了解到不同职业的特殊魅力。

（二）钉钉班级劳动作业本

每周的家政作业完成情况都会由家长或孩子自己拍成照片，形成文字叙述上传班级钉钉群，通过技术媒介，形成家政作业的发布、实施、反馈、留档体系,孩子在家劳动的过程和结果清晰可见。

(三)制定《家长工作指导手册》

"每一位家长都是重要的链接",为更好地同家长在教育上"共识而为之,携手而为之",我们与家委会共同研制《家长工作指导手册》,其中关于劳动教育明确提出"家长要营造崇尚劳动的家庭氛围,并以身作则,通过日常生活言传身教、潜移默化,让孩子从小养成爱劳动的好品质、好习惯",并发布"学生家园劳动作业单",让家长清楚孩子小学阶段要完成的家庭劳动具体内容和指导方法。各年级家园劳动作业单见图2-8。

这样,劳动教育犹如一条隐形的丝带,让学校、学生与家庭之间的关系更加融洽,联系更加密切。

比如,六年级家政作业有一项是"为妈妈做一顿饭"。一个从来没有做过饭的学生,从买菜到和面,为妈妈做了一碗手擀面。当孩子将面条端到妈妈面前时,妈妈哭了,"没想到,昔日嗷嗷待哺的婴孩,已成长为独当一面的少年"。现在,学生周末在家不是懒洋洋地看电视,而是津津有味地做家务,用自己的劳动让家庭环境变得更美好。

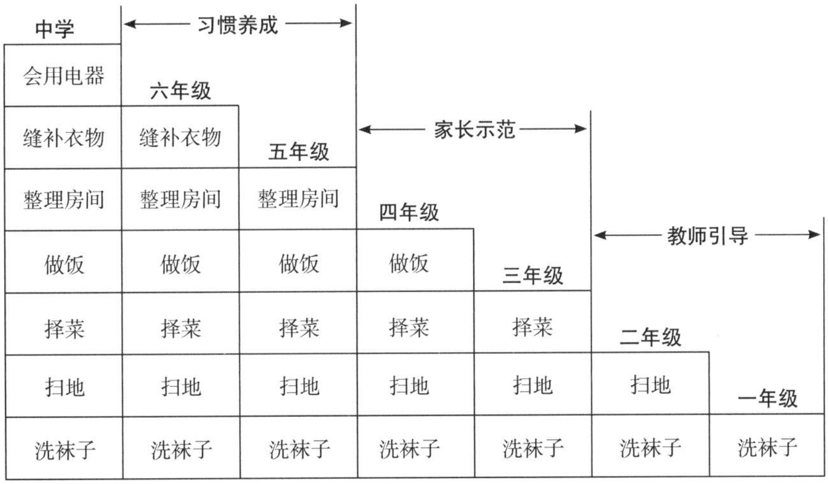

中学	← 习惯养成 →		← 家长示范 →			← 教师引导 →	
会用电器	六年级						
缝补衣物	缝补衣物	五年级					
整理房间	整理房间	整理房间	四年级				
做饭	做饭	做饭	做饭	三年级			
择菜	择菜	择菜	择菜	择菜	二年级		
扫地	扫地	扫地	扫地	扫地	扫地	一年级	
洗袜子	洗袜子	洗袜子	洗袜子	洗袜子	洗袜子	洗袜子	

图 2-8 各年级家园劳动作业单

我们始终相信"教育＝关系＋联系"。

在赋能的理念指引下,尊重孩子的权益,引导孩子参与学校的教育教学和管理工作,激发孩子的正向成长的力量,将会充实校园活动,引领孩子成长,为学生过一种幸福圆满的教育生活奠定基础。

第三章

大国良师，吾日三省吾身

"师者，所以传道授业解惑也。"自古以来，教师就是教育之本。荀子说"国将兴，必贵师而重傅；贵师而重傅，则法度存。国将衰，必贱师而轻傅；贱师而轻傅，则人有快；人有快，则法度坏。"《礼记》说："记问之学，不足以为人师""师也者，教之以事而喻诸德也"。

"教师是立校之本、兴校之源。"习近平同志在致全国教师的慰问信中，对教师在办好人民满意的教育、实现民族复兴进程中的重要作用做出了新的精辟论述，提到好老师对个人、对学校、对民主的重要性。学校要坚定理想信念，传递正能量，让教师团队在追求卓越的同时，获得内心的幸福感，努力创建"有理想信念、有道德情操、有扎实学识、有仁爱之心"的教师团队。

第一节　大国良师，成长三部曲

2018年1月20日，中共中央、国务院印发了《关于全面深化新时代教师队伍建设改革的意见》，其中指出，教师要"铺好品行底色"。育有德之人，需有德之师。随着我国综合发展实力不断上升，大国地位不断发展、巩固，大国教育需要大国良师。大国良师并非一蹴而就，而是在不忘初心、牢记使命、艰苦奋斗中逐渐成长而来。良师不仅是经师、学问之师，更要成为人师、品行之师，要帮助学生"扣好人生第一粒扣子"。新时期，在全面加强义务教育质量背景下，大国良师，是不可或缺的。而这样的大国良师，成长应该经历三部曲——合格的民师、盛世的名师和经世的明师。

一、底色——成为合格民师

"师者，所以传道授业解惑也。"韩愈的这句话昭示了教师的责任与使命，即教师要用自己的一言一行来诠释和完善传道授业解惑的内涵，做一位真正不误人子弟的合格人民教师。笔者认为合格的民师应是名师和明师的基础，成不了合格的教师，一切都是空谈。

（一）一名合格的教师，必须有高尚的师德修养

要记住，你不仅是教课的教师，也是学生的教育者，生活的导师和道德的引路人。——苏霍姆林斯基

教师面对的是一个个活生生的个体，一举一动都能给学生带来巨大的影响，一个品德高尚的教师会让学生受益无穷。所以教师要严格端正自身的职业态度，给学生树立正面、积极的榜样。

1. 身正爱生是师德的基础

教师教书育人的最根本目的就是把学生引导到一条正确的道路上，最终放手，让学生自我发展，自我成长。这就要求教师本身要身正为范，要能指明方向。《荀子·劝学》里的"蓬生麻中，不扶而直；白沙在涅，与之俱黑"说明环境对人的影响很大。教育也是慢的艺术，容不得半点虚假和急功近利。因而，教师是一种特殊的职业，其特殊之处在于教师面对着一个个鲜活的个体。"没有爱就没有教育"，任何一个教师每天都在潜移默化地影响并改变着学生。所谓为人师表，讲的就是这个道理。

教师教书育人的最根本要求是关爱、尊重、赏识和包容学生。陶行知甚至说过"信仰儿童"。教育心理学中有一个颇值得玩味的"皮克马利翁效应"告诉我们，要想让学生发展得好，就应该关爱、尊重他们，给他们传递积极的期望。当学生犯错时，教师一个期待的眼神，一句"我相信你是无心的，你一定会改正的"胜过多少抽象刻板的说教！当学生在困难前退缩时，给他一个期待的微笑："去吧，我相信你一定会成功的。"学生也许就会终身受益。正如作家魏巍《我的老师》中的那位微笑的女教师那样。

2. 爱岗敬业是师德的内容

一个爱岗敬业的教师一定可以教出遵守纪律、热爱学习的学生。"爱岗"即热爱自己的岗位、自己的工作。"爱岗"是当一位合格教师的基本前提。教师必须要爱自己的职业。"敬业"是以敬畏严肃的态度对待自己所

从事的事业。"爱岗"是"敬业"的基石，"敬业"是"爱岗"的升华。

如何做到爱岗敬业呢？首先教师要有敬业意识。朱子说："主一无适便是敬。"用现代的话讲，凡做一件事，便忠于一件事，将全副精力集中到这件事上头，心无旁骛，便是敬。教师的敬业，首先表现在"忠诚党的教育事业"，需要教师怀着敬业之心，遵循教育教学规律，认真开展教育教学工作，对教学内容和方法进行创新性探索和研究，要安于本职工作，在教学实践活动中坚守岗位，尽心竭力。无论遇到什么困难，都要锲而不舍，出色地完成本职工作，坚决抵制"在岗不爱岗"的心态。

第二，教师要有乐业意识。乐业，主要体现在对待本职工作的态度上，就是要以正确、积极的态度对待本职工作，努力培养热爱自己所从事工作的自豪感、荣誉感。要求教师对教育工作充满热情，热爱教育，热爱学生，把教师职业作为一种人生的享受与精神乐趣。

第三，教师要有勤业意识。勤业，是爱岗敬业的关键外化。首先要勤于学习。古人云："非学无以广才，非志无以成学。"要教书，先读书，要充分利用业余时间抓好学习，学习先进的教育理念和其他优秀教师的经验，丰富自己的教育思想，提高自身的业务能力。其次要勤于思考。我们应该在教育教学实践中，结合自身实际的教育教学情况及时进行反思，总结经验教训，找到不足和改进的方法，优化教学质量，有效促进自身发展。三是勤于发问。平时遇到问题要虚心向其他经验丰富的教师请教和讨论，善于进行反思和规划，实现自身业务水平的全面提升。四是勤于总结。作为爱岗敬业的教育工作者，我们应该要求自己在实践中总结，在总结中提高。

（二）一名合格的教师，必须要有扎实的学识

要学生做的事，教职员躬亲共做；要学生学的知识，教职员躬亲共学；要学生守的规则，教职员躬亲共守。——陶行知

"要想给学生一杯水，自己要有一桶水。"教师的指导其实是一个动态发展的过程，它并不是指你把自己学到的所有知识教给学生就罢了，毕竟现在是互联网经济的时代，学生获取信息的渠道也越来越多，这就要求教师始终保持着旺盛的学习力，时时刻刻更新自己的知识体系，这样才能更好给学生传道解惑。

那么，教师的学识包括哪些？与教师的专业及所教学科关系密切。以语文学科为例，与学科相关主要是文学、历史、哲学、地理、美学等方面的知识。当然，教育学、心理学、教育史、教学法、教育理论等专业知识肯定要必

备的。教师深厚的文化底蕴和全面的艺术修养,使得教师在工作特别是学科教学中左右逢源、游刃有余。这样专家型、学者型、研究型的教师,才有学术魅力。

整个教育过程应该先是师生的精神成长的过程,尔后才是科学地获取知识的过程。如今,学习知识的渠道众多,课堂、媒体、书刊、影视、网络等等渠道都可以储备知识。网络时代不缺乏知识资源,关键在于自己的学习力与毅力。一位合格民师必然是位有学习力的老师,平日里有意识地学习与累积,绝对也称得上是有着终身学习意识的老师。因此学校加强老师师德的修炼,用爱去播撒、滋润学生的心田,用"我是一名光荣的人民教师,我将以三身师训要求自己、身承匠心、身正学高、身传言教,为万千学子传授文化、为万家未来传送希冀、为大国发展传承文明。以激情与智慧书写大国良师的幸福与风尚。"作为教师的宣誓誓言;学校给每位老师定制优雅知性的教师服装,让团队自己制作《教师之歌》,以期丰盈教师的精神;锤炼老师的师能,用丰富的知识去开启学生的智慧,用优秀的人格去潜移默化培育学生的品德,用无私的奉献精神去熏陶学生的心灵。因此,在致敬七十周年之际,老师们自豪地诵读"我是中国教师,我向祖国表白",学校成立教师志愿者联盟,评选最受欢迎的教师与城中先生……庄严的仪式,郑重的承诺,引领的风尚,让教师形象成为时代的风景。

二、蜕变——造就盛世名师

真正的名师是在学校里、课堂中摔打出来的。名师的成长关键在"自我"。认识自我、发现自我是成为名师的基础和根本;完善自我、战胜自我是成为名师的关键;实现自我、超越自我是成为名师的永不满足的目标。的确,要成为一个名副其实的名师,绝对得经历"学习力的积淀到科研力的突破再到思想力的升华"这样的过程。

(一)学习力——名师成长的生命之源

我们常常感觉到名师的课堂总是充满无穷的智慧和灵气,就是因为他们广泛阅读、厚积薄发,有着浓厚的文化底蕴。他们在不断的积累中对自己的教学进行批判性的反思,不仅能够使自己的课堂教学越来越游刃有余,而且能时时体会到教学的真正乐趣。

武凤霞老师认为:"课堂的精彩源于教师背后深厚的文化底蕴,语文课功夫在课外。"①于永正老师的"四个习惯"中排在首位的就是读书习惯。闫学总结自己的成长经历，认为没有什么捷径，无非就是阅读。

为什么读书对教师的成长如此重要？王崧舟告诉我们，教师专业成长的历程实际上是两个转化的过程，即"读书—底蕴—教学"，第一个转化是从读书到底蕴的转化，这是一个积淀的过程；第二个转化是从底蕴到教学的转化，这是一个创生的过程。教师的底蕴是靠书堆起来的。书读得多，不一定底蕴就深厚。但是，不读书、少读书，是一定没有底蕴的。于永正对此也有很深的感触，他说："很多人问我，为什么我的课内容很丰富，其实是我平时注意积累，注意从读书中获得更多知识，从读书中找到迅速提取信息的方法。"②

学校一直都非常重视教师的读书工作，不但为全校教师办理读者证，还经常为老师们购买专业用书，读书和交流活动的开展激发了教师阅读的积极性，全方位提升了老师们的读书学习力，促进了教师的专业成长。然而现实总是不尽如人意，很多教师知道阅读有好处、很重要，但是常常坚持不了多久，读着读着就放弃了。一些好的学校，通过建立读书沙龙，读书分享机制，引导教师形成读书习惯，让教师从不得不阅读，到逐渐习惯阅读，到最后爱上阅读，真正会阅读。这个漫长的过程，一些学校和老师坚持过来了，但更多的教师没有跨过阅读的"成本点"——读书的付出大于收获。

（二）科研力——名师成长的必由之路

名师还要善于研究，要走进教育科研，"只有踏踏实实地沉下去，才能潇潇洒洒地浮起来"。教育科研，是名师成长的必由之路。名师"名"在课堂，"名"在教学，更应该"名"在育人、流派、思想上。而这一切，都要源于教师们的勤实践、勤反思，只有在不断的实践中，来提升有经验教师的教学反思与探究能力，促进教师凝练自己的教学风格和思想，发展个人的教育教学理论，才能从经验型教师走向有自己教学思想的"名师"。

作为一个名师，他不但要善于学习他人的先进经验，更重要的是能研究别人和自己的经验，总结规律，发现教育的本质，拥有自己的教育理念和思想，形成与之相适应的教育教学方法，塑造自己的特色。因此，教师要长足发展，必须从"有经验"走向"有思想"，从"教研"转向"科研"，并把

---

① 段双全.名师的读书经[J].语文建设，2016(12):71-73.
② 张贵勇.读书成就名师:12位杰出教师的故事[M]北京:教育科学出版社,2013:5.

经验和思想、教研和科研进行有机的融合,将课题研究贯穿于常规工作中,以科研带教研,以教研促科研,既立足实践,又探索教育教学的方法、规律,实现教研活动科研化,只有这样,教师才能逐步成长为"名师"。可以这么说,科研力是名师成长的必由之路。科研力是教师从事教育科学研究的能力。衡量科研力最重要的标准是创新。科研力建设的路径是推陈出新。

苏霍姆林斯基说过,如果你想让教师的劳动成为他们幸福的生活,使一节节课不至于成为教师单调乏味的义务,那么你就把教师们引到从事教育科研的幸福道路上来。为了突破老师们的职业倦怠期,学校十分重视教师的科研工作,以此来提升教师队伍素质。坚持以校本培训为主,开展多种形式的科研活动:每个教师制定三年自我规划赋能,用六大工程目标(专家引领亮眼工程,青蓝携手成长工程,小课题研讨探索工程,学科带头人造山工程,教学风采展示塑性工程,共同体阅读提升工程)来构建整个学校教科研的框架;开设新教师汇报课、青蓝携手课、校本研讨课、课题研究课、骨干展示课、名师观摩课等六种课型让教师阶梯式成长;让新教师研磨课型,经验型教师主抓课题;学科带头人设立工作室;团队合力攻坚,阅读共享丰实视野;全校教师全员参与课题研究。以课题研究为抓手,实施聘后管理,推动学校教科研步入正轨,并使之制度化、常态化。许多老师参加研究后,继续学习已成为一种渴望,一种需求,观念得到很大改变,认识也得以提高。同时,在学校微信公众号"城中大学堂"开辟"先生叙事"栏目,鼓励教师们将教育教学上的得失总结出来,冷静反思,提出问题,定期诊断,叙事与反思诊断提升;让反思、研究、科研成为习惯。

教育科研强调一种研究性学习,是一种带着问题学习的方式,是教师学习的最好方式。我们平时提倡开卷有益、博览群书,但是怎样才能学得精、钻得深呢?这就需要进行课题研究。通过不断的教育科研,我们就比其他教师站得高一些,看得远一些,想得多一些,做得好一些。事实上,参与教育科研的过程,也是名师成长的过程。

(三)思想力——名师成长的必由之路

余文森教授曾指出:"对名师而言,教学是从思考走向思想的过程,只有经历了思想、概念、结构、论证等过程,才能拥有自己的教学主张。这是名师的发展之路。"

教育教学是一项非常复杂的活动,它从来就不是一个公式能套用得了。这就需要每一位教师都得有自己的教学思想，要学会提炼自己的教学主张，从有"教学思考"走向有"教学思想"。

那么，教师怎么提炼自己的教学主张呢？就是要理论阅读与实践思考的融会贯通。"纸上得来终觉浅，绝知此事要躬行。"对于名师和优秀的教师来说，提炼教学主张就是促成理论阅读与实践思考相辅相成的不二法门，理论阅读一旦离开了实践思考的支撑，就成了无源之水；而实践思考没有理论阅读作为后盾，就可能成为无根的浮萍。因此，教师在教育教学实践中不单单要对教育教学进行感悟和思考，还要坚持大量的理论阅读，只有把自己教学主张蕴含的思想、智慧有机地融入教材、教学和教师人格之中，使教学主张实践化、可视化、人格化，才能让理论阅读与实践思考形成"火借风势，风助火威"的共生共振之势，进而完善、改进、提升、丰富自己的教学实践和行动，最后与人的灵魂融为一体，形成一种气质和风格。

朱永新，堪称当代知行合一的教育家。他尤其关注青少年的阅读。"一个人的阅读史就是他的精神发育史。"这句名言已经脍炙人口。朱永新是新教育实验的灵魂。不论为官为学，他日复一日在教育这块田野深耕不辍。他以他的人格魅力、情怀和理念感召着一批又一批教育理想主义者，他们共同建立着理想教育，培养了一批批名师。

陶行知先生曾经说过："处处是创造之地，天天是创造之时，人人是创造之人。"每个人身上都蕴藏着丰富的创造潜能，凡是能成长为名师的教育者，都在教学第一线，不断发挥自己的创造潜能，坚持教学教改实践，取得辉煌的成就。

三、使命——铸就经世明师

从"名师"到"明师"，教师不仅要探究教与学的方法与规律，提炼自己的教学主张，更要把自己所形成的个人理论通过育人表现出来，将教学主张内化为教育理想情怀，甚至上升到教育主张，实现教育的的生命关怀与精神引领，这是"名师"成为"明师"的最高境界。

现在，全国各地的名师如雨后春笋般应运而生，正如不想当将军的士兵不是好士兵那样，许许多多老师都在苦练技艺争着做名师，可真正成名的老师不一定就能成长为明师。原北京五中吴昌顺校长将"明师"的内涵阐释为三点：其一，明白之师。书要教得明明白白，这其实涵盖了"经师"的概念。其二，明辨之师。能明辨是非曲直，懂得教人做人。其三，明日之师。要推动学生、教师乃至社会和国家明日的发展。

这样的明白之师，是对人生、对教育、对教学、对学生、对学科中的众多内容了如指掌，明明白白，不能将自己都弄不明白、不理解的东西硬塞给学生，正如孟子曾说的"以其昏昏，使人昭昭"。明辨之师，要具有敏锐感受、准确判断在教育教学中动态生成过程中可能会出现的新情况和新问题的能力；有能使学生热爱学习，乐于学校生活，愿意敞开心扉与他人进行心灵对话的魅力。

明师即为明日之师，十年树木，百年树人！少年强则国强，少年富则国富！今日的学生，明日的国之栋梁，教育要面向未来。教师所从事的工作，虽然是着眼于现在，但其意义都在明日，因为我们的学生必然是要生活在明天，教师要深谙这个道理，要更加理解教育的本质。这样的明日之师，才是托起明天太阳的人！可见，明师的终极目标是让学生的个性特长得以发展，综合素质得以提高，文化人格更优化。当然让所有的老师都成为苏霍姆林斯基、杜威、陶行知这样的明师，几乎不可能。但是如果我们终其一生，能对教育教学中的某个领域做到明明白白为师，踏踏实实育人，就可以称为明师了。

美国一个权威机构做了份调查，关于未来哪些职业会被淘汰。其中，淘汰率在60％以上的是电话推销员、打字员、会计、保险业务员、银行职员，和科学技术艺术相关的职业淘汰率比较低，教师淘汰率大概会达到40％。为什么？因为技术变化将变革教育行业。今天，我们的教育已经迎来了即将开启第二曲线的时代，在这样的挑战面前，要成为"明日之师"，教师需要重塑自己，思考我们要成为怎样的人更重要，只有明确了教师未来将重塑为哪些角色，教师才会自觉学习新技术和能力。我们认为教师需要重塑七种角色。

第一个角色是学习者。学习者要制定个人学习目标，探讨基于技术的教学方法，同时，还要学会和全球各地的人建立学习网络，谋求自身的专业发展，并保持当前的研究。做了大量研究，还要反思这些研究是否能真正改善学习结果。

第二个角色是领导者。每位教师要站在领导高度，思考增强技术、提升学习能力的愿景到底是什么；如何倡导公平，使孩子能更多地使用数字资源和工具开展有效的学习。

第三个角色是数字公民。教师要不断创造社会体验，建立线上线下的关系社区,同时也要确立数字化学习的文化,来培养自己和学生的数字素养。

第四个角色是合作者。教师要联合起来用技术整合学习,为孩子创造更多学习体验;也要与孩子合作,帮助孩子更多地使用数字资源来开展更有效的学习;要更多地和社会机构、设施、企业和家长合作。

第五个角色是设计者。教师成为设计者,意味着教师要学会把握学生的差异,满足学生个性化学习的需求。同时,也要设计学习活动引导学生积极开展深入的学习。

第六个角色是促进者。即和学生一起了解希望通过学习达到的目标和结果。教师要帮助孩子筛选、使用、评估平台的技术,并为他们创造更多机会,共同解决真实情境中的一些问题。

第七个角色是分析师。教师要建立表达方式,交流思想。(见图 3-1 所示)

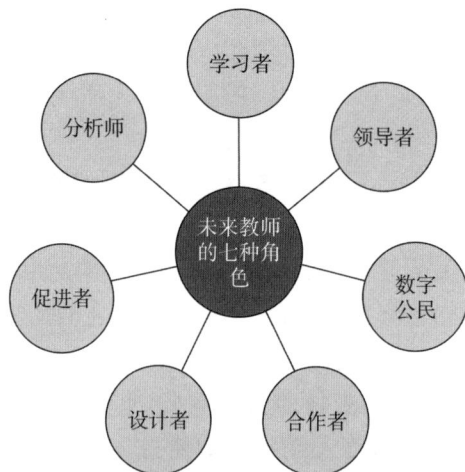

图 3-1 未来教师的七种角色

成为名师难,做明师更难,做个既是名师又是明师的老师难上加难。我们要以一种面向未来的方式,重新找到内心已经失落的从容,这份从容来自每一个教育工作者,今天我们要知道这个时代带给我们的挑战,要迎接挑战重塑自我,通过重塑自我更好地引领每个孩子走向未来。"世间多是画龙手,天下独缺点睛人。"希望通过我们一代一代不懈的努力,相信不久的将来,大家看到的是大国良师遍天下。

第二节　成长携手，一群人行远

"一个好老师，可以教出一批好孩子；一个好校长，可以成就一所好学校；一批教育家，可以影响国家和民族的未来！"一个对学校的办学有着"大思路"的校长，才会调动教师的激情，才能唤醒每一位师生最大的潜能，引领学生、教师、学校不断成长进步，从而走向成功！

一、教师的誓言

平潭城中小学创办于 1970 年，地处城区最繁华的西航路西侧，2002 年搬迁于现址。历经半个世纪的积淀，薪火相传，在传承中创新，在创新中发展。目前已有高级教师 5 人、省、市学科带头人 8 人、省市县骨干教师 73 人，省名校长培养对象 2 名，选拔为省、市名师工作室成员 7 名。学生数从原来的几百人到现在的 2700 多人，是目前平潭办学规模最大的一所小学。

为了帮助每一个教师成就美好，打造一支卓越的教师队伍，学校用"我是一名光荣的人民教师，我将以三身师训要求自己，身承匠心、身正学高、身传言教，为万千学子传授文化、为万家未来传送希冀、为大国发展传承文明，以激情与智慧书写大国良师的幸福与风尚"作为教师的宣誓誓言，来阐述新时代教师的根本职责是培养德智体美劳全面发展的社会主义建设者和接班人，既要精于"授业""解惑"，更要以"传道"为责任和使命。在传授知识和技能的同时，更重要的是牢固树立中国特色社会主义理想信念，带头践行社会主义核心价值观，积极引导学生坚定理想信念，健全个性人格，提高道德水平，做学生健康成长的指导者和引路人。

二、既是压力，更是动力

教育的根本问题是"培养什么人、如何培养人、为谁培养人"。它承载着教师对教育的职业理解、职业态度和职业情感。教师誓词使外界社会对明确的教师形象有所了解，包括对教师的责任、义务和品行评价标准的了

图 3-2　教师宣读《教师誓言》

解，满足了社会公众的监督心理，为取得学生及其监护人群体的认可和信赖，为外界监督、评价教师的品行提供了有效依据。

教师如何才能"身正行正"？一方面，"三省吾身"是身正行正的方法。《论语·学而》篇有句"吾日三省吾身"，是说孔子的学生曾参每日多次反省自己。几千年来，"吾日三省吾身"成为儒生为学为师为人的基本准则。古人如此，现代教师更应该"吾日三省吾身"，进行教学反思，反思是一个优秀教师的成长过程中离不开的重要环节，运用教学反思可以促使教师不断加强自身修养，提高个人素质，以适应课程改革的需要。另一方面，心系民族复兴是"身正行正"的方向。习近平总书记在党的十九大报告中围绕"优先发展教育事业"全新战略部署明确提出："建设教育强国是中华民族伟大复兴的基础工程，必须把教育事业放在优先位置，深化教育改革，加快教育现代化，办好人民满意的教育。"人才是实现民族振兴、赢得国际竞争主动权的战略资源，实现中国梦需要能担当民族复兴大任的时代新人。小学是每一个学生的教育启蒙阶段，要培养合格的新时代小学生，教师必须是心系民族复兴，身承匠心、身正学高、身传言教，"吾日三省吾身"的大国良师。

（一）身承匠心

匠心的背后隐含着的是追求职业完美的意识和精神。在教育中，匠心可以让孩子们莞尔一笑，学习瞬间变得幸福而快乐；能够使枯燥的知识立刻展现神奇，终生难忘；更会令师生的交流欢快顺畅，水乳交融。匠心，对于教师而言，是拥有一颗甘于平常的教育心。教育是慢的艺术。教师要放下急功近利的教育思想，守住心灵的一片宁静，以学生的发展为己任，用心做事，用爱育人。匠心，对于教师而言，是拥有一颗爱生如子的教育心。爱是教育的基石，是教育的催化剂，是沟通师生心灵的桥梁。教师要有一颗爱生如子的心，用平等的眼光看待每一个学生，尊重、爱护、信任、关心每一个学生。匠心，对于教师而言，是拥有一颗追求卓越的教育心。教育是艺术，看似重复劳动，其实重复中包含着各种可能和变化。作为教育路上的行者，我们需要像工匠一样热爱自己的工作，并追求完美。这就需要教师加强学习，精益求精。

（二）身正学高

习近平总书记在2014年9月9日庆祝教师节的重要讲话中强调全国广大教师要做"有理想信念、有道德情操、有扎实知识、有仁爱之心"的好老师，为发展具有中国特色、世界水平的现代教育，培养社会主义事业建设者和接班人做出更大贡献。四有教师理论之中"有理想信念、有道德情操、有仁爱之心"，并不是就教师的职业技能而论，而是对教师有层次的内在品质要求。杨雄言："务学不如务求师。师者，人之模范也。"《荀子·修身》篇亦言："夫师以身为正仪而贵自安者也。"相比单纯的学问教授，教师自觉地修养品性、身正为范显得更为关键。教师首先必须是一位合格的公民。作为人之典范，教师应当以崇高理念作为职业价值观，自觉遵守并维护社会的核心价值体系。四有教师理论中包括有扎实学识，即教师的学高为师，这是在当下的社会语境中，针对教师的专业技能所提出的职业要求。一位具备高尚品格的教师，还须拥有极具职业特性的专业技能。教师的一技之长就是学识。对于学识而论，新的时代，面临着新的挑战。教师也应当顺时而为。

（三）身传言教

身传言教是师德的重要组成部分。教师通过教育、教学活动对学生产生巨大的影响，这种影响力源于教师高尚的人格力量。教师所授的知识往往会被学生新的、更高的知识所代替，而教师对学生的人格影响则受用终身。教师在学生面前显示出来对党、对祖国深爱的感情；求学问的顽强勤奋；对工作一丝不苟；生活中整洁、爱美、爱劳动、热情、朴素、大方、友好等，都在潜移默化中影响学生，给学生留下深刻的印象，化入学生的人格。教师是以人格塑造人格、以灵魂塑造灵魂的高尚的职业，什么样的教师就会教出什么样的学生。因此教师要特别注意自身的素养，努力提高自己的业务水平，使自己更加完善，要求学生做到的自己首先做到，身先士卒，以身作则。

三、现实的挑战

爱岗敬业、乐于奉献和积极进取是教师队伍的主流。然而，在社会转型加快、经济持续发展、人才断层凸显和教育改革不断深化的新形势下，教师在价值取向、自身的角色定位、职能审视和发展愿景等方面，都发生了很大变化，表现出明显的倾向性。以多元视角分析教师队伍的现状，并形成相应的工作对策对于坚持以人为本，不断提升教师专业化发展水平，进而增强学校的凝聚力和向心力，是十分必要而有意义的。

首先，由于教师待遇偏低以及职业价值取向的不同，一些教师转行或借调到其他单位，而且教师教学任务重，教学课时多，没有时间解决自我发展、自我提高的问题。如何使教师安居乐业，进而通过教师专业化发展，使其中一部分人逐步成为学校教育的中流砥柱是刻不容缓的。

其次，十几二十年教育教学生涯过去了，有的教师不知不觉就开始厌倦学生，教育教学只是为了完成学校的任务。同时由于受社会思潮的影响，加上工作压力大，有些教师并没有从教师这一崇高而神圣的职业高度出发，去思考和把握自己的价值取向和工作态度，更多的是从就业角度，把从教作为一种谋生的手段，因此表现出来的是思想境界不高、政治追求不高、进取意识不强，有些教师因为身体健康的原因也产生了职业倦怠。

再者，近几年，随着教师队伍的老龄化、离退休人员的增加，以及中小学教师资源分布的不均衡，导致出现小学教师资源不足、中学教师多余的现状。为了均衡配置各学段、各学科教师资源，2013年平潭综合实验区启动了中学教师转岗到小学的机制，因而城区各小学有一大批的中学教师加入小学教师队伍。这些教师最小年龄35岁（1985年出生），最大年龄46岁（1974年），他们年轻、富有激情，正处于人生的年富力强阶段，是学校教师队伍的重要组成部分。中学转岗教师完整的知识结构和良好的教学素养有利于带动学校教师整体素质的提升。有的转岗教师在不长的时间内便脱颖而出，成为学校的业务骨干。与此同时，我们也发现虽然转岗教师大都具有较丰富的教学经验，但从中学到小学毕竟有一个较大的时间跨度，在工作中出现种种不适应现象，加强对这部分教师的培养，使他们尽快适应小学教学，并成为教学的骨干力量迫在眉睫。学校制定《平潭城中小学转岗教师培养激励方案》，通过具体的举措加大培养力度，提供更多发展机会，树立典型、重点培养。把培养转岗教师作为重点的推动内容来抓，期待这部分教师迅速步入专业成长的快车道，成为我们学校教育教学的"中坚力量"。

四、一群人行远

学校在教师团队建设和教师的培养中，始终坚持和秉持这样的发展信条：一个人走得快，一群人走得远。学校是一个团队，每个成员之间必须要积极合作、紧密结合。在困难的工作过程中，只要大家心往一处想，劲往一处使，都能攻无不克，战无不胜。一个团队行动的速度有多快，并不是取决于走得最快的那个人，而是要步调一致，共同前进。所以我们认为，在学校这个群体中，不仅要一个人走得快，更要一群人走得远。一个团队有如一支交响乐队，不同个体演奏出不同的旋律，各司其职，互相配合，而在这些不同旋律互相碰撞交汇的同时，每个成员都成为其他成员眼中的风景，都

图 3-3　学校教师团队阅读交流

有可能唤醒和启发其他成员的生命力和创造力，在卓越的团队中，教师们应是相互启迪、相互鼓励，共同成长的。只有每个成员最大限度地发挥自己的潜力，并在共同目标的基础上协调一致，才能更有效地发挥团队的整体作战能力，最终就可以成为一个优秀的团队。

第三节　顶层设计，愿景的长跑

"木欣欣以向荣，泉涓涓而始流。"师资是立校之基、兴教之本、强教之源，优秀的教师团队永远是学校发展的核心竞争力。没有幸福的教师，就很难培育幸福的学生。如何营造和谐、温馨和人文的家园是校长的重要职责和使命，既要有健全、规范、科学的制度管理，也要有温情、柔软的人文关怀的师资建设管理机制显得尤为重要。

一、四个工程

经过多年的实践和探索，学校通过"师魂铸造工程""青蓝结对工程""能力提升工程""人文关怀工程"四大工程树立优质教师队伍品牌。学校期望美好之花绽放在教师的心田，教师成为吾日三省吾身的"三身"大国良师。

（一）师魂铸造工程

学校定期召开师德演讲，评选师德标兵、优秀教师、城中先生等，在实践过程中比、学、赶、帮、超，形成你追我赶的良好氛围，培育"有教育理想、有扎实学识、有道德情操、有仁爱之心"的大国良师。学校实施"1234 师魂铸造工程"计划，"1"是一个核心思想：一切为了学生；"2"是两种精神：精诚合作的团队精神和精益求精的敬业精神；"3"是三观：每一位教师都是珍贵的存在，每一位学生都是美丽的不同，每一位家长都是重要的链接；"4"是四种意识：主人翁意识，质量意识，服务意识，奉献意识。在教师中开展树"二风"活动，通过树"正气风"系列活动，引导教师自觉抵制市场经济带来的功利行为，坚决杜绝体罚、侮辱、侵害学生等违法行为，弘扬爱生奉献精神；通过树"锐气风"活动，促使教师间形成了一种相互尊重、相互信任的文化氛围，使持续发展、进取精神成为教师的自觉追求，向上向善成为教师的精神动力。

（二）青蓝结对工程

为推动教师专业发展，学校制定《平潭城中小学骨干教师培养方案》《平潭城中小学教师培养激励方案》，实施"青蓝结对工程"，设立"三梯教师"，把教师分成三个梯队，由骨干教师带领，强弱搭配，低中高年级搭配，签订师徒协议。第一梯队教师每学年至少确认带三名教师，第二梯队教师每学年至少确认带一名青年教师，充分发挥老教师、青年教师的传、帮、带作用。采取梯队管理模式做到真抓实干、取长补短，大大提高了全体教师队伍的教育教学水平，发挥了教师学习共同体的智慧，同策同力共谋共思，有效提升了教学效果。学校对带徒工作取得显著成效的教师给予适当的物质和精神奖励，力求教师培养实现：1 年合格、3 年成熟、5 年骨干、10 年优秀、15 年卓越。

（三）能力提升工程

学校制定《平潭城中小学教师专业发展指引》《平潭城中小学教师专业发展三年规划》等发展体系，对教师继续教育和校本研训有明确要求，同时要求每位教师制定《平潭城中小学教师个人发展三年规划》，每学期填写《平潭城中小学教师成长手册》，通过教师专业发展"八字方针"和"教师成长六件套"等具体措施强化校本研训，借助"三年自我规划赋能，六课型阶梯式成长，学习共同体六大行动目标架构；新教师研磨课，经验型教师主抓课题；学科带头人设立工作室；青蓝携手成长，团队合力攻坚，阅读共享丰实视野，叙事与反思诊断提升"为教师的发展构建交互融通的学习生命场，力促城中教师：身承匠心，为学生的成长而教；身传言教，成为学生的引领者；身正学高，团队共享意识与个性创新的融合，不断鞭促教师拓宽视野、增智创新，成为人民信任的吾日三省吾身的"三身"大国良师。

（四）人文关怀工程

人文关怀对教师专业发展起着重要的推动作用，学校全面改善办公条件，布置雅致的办公室，购买绿化盆栽，更新教师办公桌椅门窗，让教师享受着更便捷的数字化办公条件。为了让教师享受更舒适的办公环境，学校为全体教职工开辟了集阅读、休闲、娱乐为一体的"三层城市书房"，教师在课余时间一起读书、品茶、闲聊、欣赏音乐。学校制定教师慰问制度，探望生病住院教师，给予精神关怀。学校对教师购买的专业书籍给予报销。每逢妇女节、教师节和重阳节等学校工会组织相关趣味活动，并组织开展教师教工运动会，学校落实"自主择岗制度"，每学年下发《教师自主选择工作岗位申请表》，最大限度满足老师需求。同时给每位老师定制优雅知性的教师服装，让团队自己制作《教师之歌》，在致敬祖国七十周年华诞之际宣读"我是中国教师，我向祖国表白"，成立教师志愿者联盟，评选最受欢迎的教师与城中先生……庄严的仪式，郑重的承诺，引领的风尚，让教师形象成为时代的风景，温暖了全体教职工的心。

二、成长足迹

陶行知说：点亮一名教师，就能点亮一群孩子。

[案例分享]

翁朝红：永远相信美好，我们才会幸福

回顾这二十九年的教学生涯，我在平凡的工作岗位上，年复一年日复一日地重复着琐碎的事情，一直希望自己做一个让学生喜欢的老师，我的梦想就是让学生感到学习是件快乐的事情。三尺讲台，一颗爱心，放飞希望，乐此不疲，就是我从教以来的真实写照，更是我的执着追求。

一、面对学生，永远相信美好，我们才会幸福。

一直以来，我都希望自己做一个让学生喜欢的老师，我要让学生感到学习是件快乐的事情，在课堂上我喜欢时不时和学生开开玩笑，为学生创造一个轻松的学习氛围，所以在我的课堂上总是笑声不断。一串妙语，一个生动的故事、一句自创的翁氏名言、一处成功的引导，都会赢得学生钦佩的目光、会心的微笑、由衷的敬意。在这样一个有张有弛的学习环境中，学生开开心心地接受了知识，我也体验到了快乐和轻松。陶行知曾经说过："真教育是心心相印的活动，唯独从心里发出来的，才能打到心的深处。"一旦孩子们感受到了老师的温度，那么他们也会带给我们别样的温度：记得有一次我进办公室，我班的陈轶轩对我们说："老师，我已经帮你把橙子剥好了。"我看见办公桌上散落了一地像被小狗啃过的橙皮的碎片，上面放着一粒剥好的橙子；当听说我要外出培训时，孩子们对我说："老师，你辛苦

了,你要一路顺风哦!"当我回来时,孩子们争先恐后地拥过来给我捶捶背、捏捏手。感谢孩子们,让我有机会在他们面前做一回需要被照顾的弱者。多少年了,逢年过节,原先花了我很多心思的那个调皮捣蛋的郭鑫都会用问候来唤醒我对他的回忆;那个曾经经常在桌上乱涂乱画,把自己的双手变成绿手的小俞,现在也时不时伸出手,问我:"老师,今天,我的手干净了吗?"那个曾经借了好几个高年级同学的钱的乐乐,现在也经常跟我们说:"老师,我再也没有向别人借钱了。"……每一件事例的背后,无不验证了我对学生付出的每一点关爱、每一次教诲,都会融入学生的脑海中,刻在学生的心扉上,产生了深远的影响。当然,这的确是很累人的事,但此刻我是幸福的。

二、面对家长,永远相信美好,我们才会幸福。

经常听到家长这样说:老师,孩子不听我的话,你的话他会听,全靠你了。或者是,我们很忙,我们没有办法照顾她。再或者干脆常年在外面打工,让父母这个称号在孩子的眼中变得名存实亡,只剩下一个符号而已。所以这几年,我们遇到的越来越多的要么是眼神呆滞、沉默孤独型的孩子,要么就是大闹天宫的破坏分子。人们不是说吗——现在的教育就是在拼爹,而这里的拼爹不应该理解为拼财富,拼权力,应该拼的是家长的观念、学识和教育。但可惜的是在林林总总的培训中,唯独没有如何做家长的培训。每当看到越来越多的孩子出现或大或小的问题时,我就很难受。我觉得,不论世人怎么看待我们老师,老师这个职业就是个良心职业。我们虽然做不到非常高尚。但我们毕竟是肩负教书育人的职责。我们面对的是活生生的个体,他们的成长需要我们的引导和帮助。我们觉得,老师不单单是带了一个孩子班,同时又带了一个家长班。为了能更好地帮助家长,我开了个公众号,在我的公众号里,经常与家长分享经典的家教文章,和家长们互动沟通他们面临着种种家教方面的问题;分享我的教育心得,分享班上孩子的点点滴滴的变化。我希望我能切切实实地帮助家长,我希望看到,在我的引导下,一批又一批的家长和孩子,共同进步,共同成长。当然这样做也会花大量的时间,但累并幸福着。

三、面对工作,永远相信美好,我们才会幸福。

大家都知道,现在的孩子要想让他们服服帖帖地听我们的话,除了人格魅力以外,我们还得做一个学习、反思型的老师,我们要给学生半桶水,自己就必须拥有长流水,如果自己不学无术,以其昏昏,怎能使人昭昭呢?所以,要让学习成为我们生活的习惯。作为一名教师,绝不能用昨天的知识教今天的学生去适应明天的社会。因此在专业成长的道路上，我想做一个孜孜不倦的追求者，我通过大量的阅读来提升自己的专业素养，还积极听取其他老师的课，这几年我几乎都把课余时间泡在听课上，同事们都戏称我是听课专业户，可就是在这样高强度的听评课中，我学习了别人的优点，也看到了自己的不足。这让我得到了前所未有的成长。我从去年开始写随笔。这些随笔记录了我在教育教学中的体验，或是工作中发现了一些问题。这些随笔，或是提醒和警告，或是鞭策和鼓励。我想这对我和学生来说，都是一笔不菲的财富。众所周知，一个教师书教得好，学问做得好，自然具有人格魅力，自然会受到学生爱戴和尊敬，我们在人格上赢得学生的心，学生便会心悦诚服地接受我们的教育。

有一句话说得好：没有最好，只有更好。从教以来，虽然取得了一些成绩，但我总觉得教师这个职业是一种"缺憾"的职业，执教过程中常有不如意的事，但我相信，我们教师就是伴着缺憾成长起来的。少一分埋怨，多一分宽容；少一分苛求，多一分理解，永远相信美好，我们才会幸福。

第四节　教研实践，厚积中推进

研究和实践都表明一个人最好状态的实现并非来自外部的激励而是来自内在的需求，只有内在的自我发展意识觉醒了，教师才有动力持续学习与研究，才能实现自我的发展与成长。教师的教育教学本身就是个认识自我、塑造自我的过程，而学校要做的就是最大限度地发现和放行每位教师的自我发展意识，让教师在工作中能够充满激情，感受到研究给自己的工作带来的变化。我们期望以教师成长的"三大板块"为抓手，通过教育实践的研究提升专业能力，做一个真实的、真正的教师。

一、学习讲坛，共同价值观的生成

"问渠那得清如许，为有源头活水来。"学校高度重视教师的教育教学水平及专业素养成长，利用周一例会时间，推出"学习讲坛"，鼓励老师们论道教育教学，提升学习力与教育力。

每周一次的"学习讲坛——先生论坛"已成为常规，城中教师"人人有专题，个个能主讲"。每周一下午第三节课是全校教师例会，学校一改过去的"校长一言堂"，每次安排 20 分钟时间，给每个教师机会，让教师自愿申报，每周有一位教师主讲，紧扣"教师讲坛"的主题，作为教学类或德育类小讲座，深受教师的欢迎。为了不增加教师的工作量，"先生论坛"形式不拘一格，不要求都有规范的课件制作。教师的小讲座主题鲜明，切入点小，有理论支撑又有生动翔实的案例，从不同角度介绍工作实践过程中的点滴经验或实践体会：有的介绍如何培养学生良好习惯，有的介绍如何做学困生管理工作，有的介绍如何提高学生上课的参与度，有的介绍如何减轻学生心理负担，有的介绍如何有效讲评作业，有的介绍如何提高课堂的效率，有的介绍如何运用积极健康的心态去对待工作，有的介绍班级管理经验，有的介绍班级文化建设，有的介绍自己专业成长经历，有的介绍如何培养学生的阅读兴趣，还有的介绍如何与家长协作共育……讲座之后，德育组或教学组安排专人进行点评，并指导教师修改文稿，不仅锻炼了教师的能力，而且提升了教师的写作水平。同时将优秀文稿择优在"城中大学堂"微信公众号推送，期末绩效考核只要教师有做讲坛分享均认定为一场小讲座，这一举措充分激发了教师的参与热情。

翁朝红老师《用心耕耘　静待花开》、吴晓玲老师的《因为爱，所以爱》、林荣平老师的《规范书写，从基本笔画开始》、施文娇老师的《巧用阅读存折，让学生爱上阅读》、王芳老师的《小岛支教的那些事》、林建英老师的《寻找自我之旅》、林立老师的《大孩子与小孩子之间的对话》……精彩的分享依然余音缭绕耳畔。"先生论坛"激发了教师开展教育实践工作的动力与活力，架起了教师之间相互学习与沟通的桥梁，有效促进教师的专业化成长。

我们所期待的"教师学习讲坛"不是一个结果，而是一个过程。教师分享的不仅仅是教育的智慧，更是成长的过程。我们的目标不是一个教师的成长，而是整个教师团队的成长。"教师学习讲坛"让教师智慧像一片云摇动着另一片云，让同伴在相互学习过程中进行实践和反思，涌现出了一批有独立见解、独特风格的好教师。在这个过程中，学校的教育理念和学校文化在不断被认同和重构的过程中确立下来，共同价值在互相激励中逐渐生成，推动着学校的建设和发展。

未来"教师学习讲坛"要走的路还很长，我们依然会小心呵护，耐心陪伴，不断为她的成长提供阳光和雨露。

二、研磨耕耘，学习力与教学力增值的平台

时代在变化，人才的需求随之变化。相应的，作为人才培养关键环节的教师，其角色必然要围绕学生综合能力的培养进行重塑。正如著名课改专家钟启泉教授所说："我们要求教师不停留于片段性知识与技能的传递，要更深入地学习现实与学术体系的原理，从而创造出新的知识与智慧的力量。"教师应该如何重塑自我，才能更加适应未来教育变革的要求？城中小学教师以积极的心态躬身入局，在践行学校的"156教师成长工程"中，为提升自己的学习力和教学力而躬耕不辍。"156教师成长工程"中的"1"代表一个核心理念，"5"代表"五课＋"校本教研，"6"代表"六个共同体成长行动"（见图3-4所示）

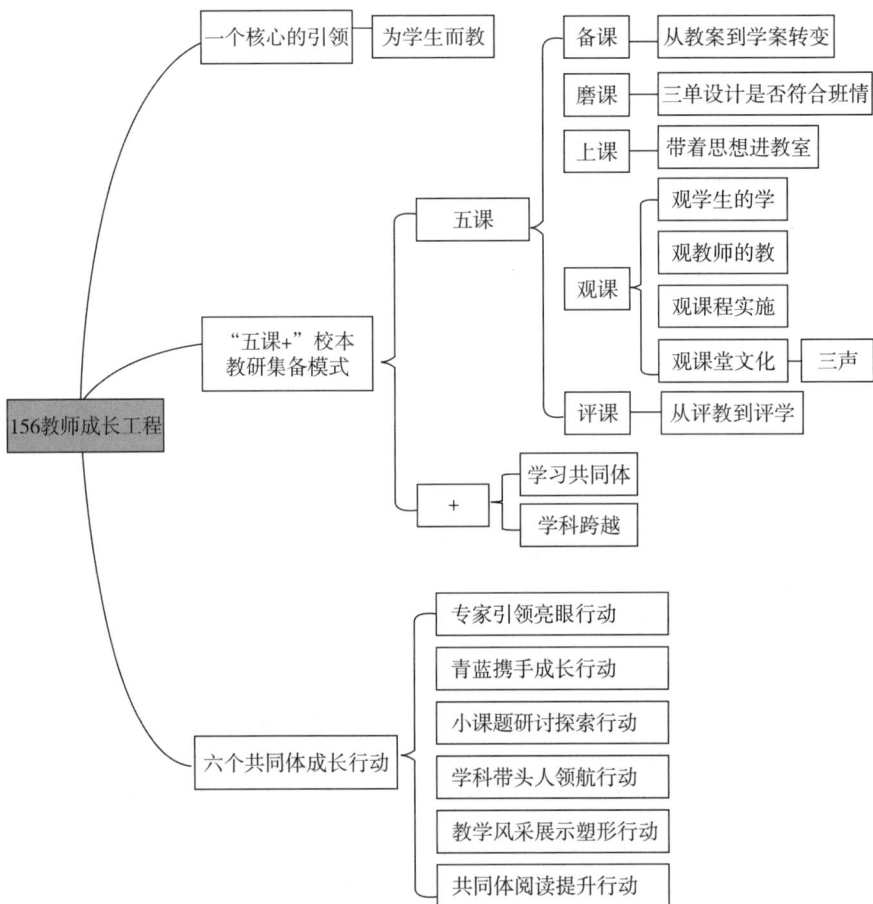

图 3-4　156 教师成长工程

（一）一个核心理念引领——为学生发展而教

经过多年的实践，在新时期教育教学的大视域下，我们共同思考着：教师做什么？怎么做？为谁做？哲人、教育家的思想灯塔照亮我们前行的方向。

马克思认为，人的全面发展是相对人的片面发展而言的。全面发展是指人的所有才能与品质都应该和谐、充分地发展，人的脑力与体力劳动相结合。个性自由发展则指的是个体的人所具有的个性包括特质、特长、兴趣、爱好等方面的自由发展。19世纪，美国的杜威主张"儿童中心教育"，即一切教育措施都应围绕儿童这个中心旋转。20世纪50年代，奥地利哲学家布贝尔与美国教育家尼勒等人提出了"存在主义教育"的观点，他们认为个人是万物的中心，教育应以个人的"自我完成"和"主观性"为中心。另外还有现代人本主义、人道主义等哲学、心理学、社会学的一些观点也或多或少地给我们一些启迪，在批判地汲取的原则下，我们的"为学生发展而教"的理论框架更加坚实。

中外教育学说、流派的多元融汇，新课课程标准告诉我们："学生是学习和发展的主体，也是评价的主体。"教育教学中，必须把学生放在主体地位。发展学生的主体性是社会发展的需要，是时代精神的召唤，也是教育教学改革的必然。"为学生发展而教"的理念正是在这种背景下提出来的。以学生发展为本，即把促进学生的发展作为教育的根本价值取向，是以学生发展为根本、以学生发展为主、以学生发展为中心及以学生发展为基础。

为了深入理解这一理念，学校组织教师学习这一理念的深刻内涵、历史依据和科学依据，并在教学实践中从改变教学观念、设置多元的教学目标、注重过程评价等方面来贯彻这一理念：要求教师在教学中运用教学经验和智慧，采取合适的教学策略和方法来实现。首先，教师要转变教学观念和教学角色，成为学生学习的促进者。其次，教师要设置多元的教学目标，培养学生的个性，使每个学生都能得到发展。最后，教师要改变评价观念，关注学生的综合素质，关注学生的可持续发展。

（二）"五课＋"校本教研的构建

城中小学教师团队是乐于学习的团队。早在2011年就构建了"四课一反思"校本教研模式。2011年5月，由原福州市教育学院刘自强主任组织的福州市"校本教研活动"在我校举行。来自全市五区八县的专家、教研员及平潭县小学骨干教师 200 多人参加此次活动。杨鸿老师在此次活动中作课"小数的加法和减法"，同时教研团队展示了"四课一反思"校本教研的全过程，教研活动得到与会专家高度评价；杨鸿老师执教的"小数的加法和减法"被福州市教育学院推选参加由中国教育学会小学数学教学专业委员会举办的"第七届全国小学数学优化课堂教学课例评比"荣获全国一等奖。"四课一反思"校本教研模式也被县内及周边县市兄弟校广为学习借鉴。

城中小学教师团队是善于创新的团队。研究的脚步从不停息，在实践中不断改进校本教研模式。经研究实践，反复摸索，团队于 2015 年把教研模式改进为"4＋2"校本教研。接着，在先进的教育理念滋养下、在专家的专业引领下、在团队合力研究下，团队于 2017 年再次创新原有的教研模式，改进为"五课＋"校本教研。"五"即五课：备课、磨课、上课、观课、评课，"＋"即学习共同体。具体操作程序如下：

1. 分配任务，解读文本

同年级教师在备课组长的协调下分工合作，选择一节课的教学内容作为本学期的公开课，全年级组教师共备这节课。先进行解读文本，初步完成"确定目标，重点、难点分析，教学过程设计，多媒体教学素材"等。

2. 专人主讲，集备预案

以年级为单位进行集体备课，主备教师负责主讲，介绍与本课相关的教学理论，分析教学目标、重点、难点和教学过程设计，提供多媒体教学素材等，其他教师提出建议及补充意见，形成大家公认较好的单元教学预案。

3. 酌情调整，形成个案

每个班级有不同的学情，不同的教师有不同的教学风格，集体形成的教学预案再由每个教师进行个性化的调整，把集体教学预案转化为班级学案。

4. 磨课会诊，反思改进

同年级所有教师共上这节课，抽签确定老师上课顺序（第一次抽签），通过年级组教师听课研讨，集体会诊，发现各位教师上课的优点与不足，探讨解决问题的思路与办法。接着进行第二次抽签确定一位教师参加全校展示。执教教师综合自己的上课情况、组内教师的建议，调整教学设计，形成精品课例。

5. 上课展示,观摩研讨

由年级组"中签"的教师向全校教师公开展示。

6. 观课评课,反思提升

观课教师进行课堂观课汇报,选派一位教师对该课例作出综合评价,全体听课老师参与反思,主备年段所有教师进行二次反思,并填写反思汇报表,对两次听课情况进行对比、反思。执教教师再次调整教学设计,后将调整后的教学设计、教学反思、教学课件、观课表进行汇总,形成年级组系列教学资源。

这是一个教育变革的时代。一个人如果对课堂变革满怀激情,就能让一个孩子、一个班级、一个年级甚至一所学校发生改变。"五课＋"校本教研模式的构建,让"为学生发展而教,为真学而教"成为可能。教研活动不再是一个人或几个人的事,而是所有人共同的事,大家自己的事。帮助不同层次的教师实现专业发展,就好像是借助教研的平台带着全体教师来跳一场集体舞,所有人在舞台中风姿绽放!

(三)"六个共同体成长行动"的提出

造就一支德才兼备、富有先进科学理论和创新能力的教师队伍,是学校持续发展的保障。为此,我们学校多管齐下,在教师专业发展方面通过"六个共同体成长行动",打造教师专业发展引擎力。"六个共同体成长行动"包括:专家引领亮眼行动、青蓝携手成长行动、小课题研讨探索行动、学科带头领航行动、教学风采展示塑形行动、共同体阅读提升行动。

在共同体成长行动中,我们力求做到:

第一,寻找一个实在的点。让教研的本质回到解决教学实践中老师面临的真问题。一个实在的点,落脚要小,关键在真,它可能是痛点,也许会成亮点。当教研"在点上",课堂才能"在线上"。六种课型:新师汇报课、推门常态课、校本研讨课、课题研究课、师徒携手课、骨干展示课,均要找准切入点、研究点。

第二,借助一个力,指专家之力、同行之力。至今已有 50 多位教育专家到城中小学给老师们做过讲座,大学教授、特级教师、全国名校长、区教研员均来校指导过,其中不乏全国名师罗明亮、何捷老师等。老师们通过教研共同体看到了教育的更多可能性,想法能落地,方法有比较,思考有提升。

第三,营造一个磁性的场,指在教研的形式与氛围上下功夫。教研前的教师小型互动、教研现场的布置、同伴间的热心互助、细节的准备让教研中的人也在静悄悄地彼此走近。正如苏霍姆林斯基所说，只有心灵的沟通，才可能达成深层次的链接，才能彼此共生、同长。磁力，是动力，是向心力，也是魔力。

第四，拓宽一个交流的台，指拓宽教师之间学习交流的平台。城中小学作为平潭城中小学教研片的领翔龙头学校，负责组织、协调、指导片区内各校开展教研片年会活动、教研片教学开放日活动、教研片送教下乡活动等，努力为教师搭建各种学习交流平台，促进片区教师共同成长，实现片区内教学资源、教科研成果的资源共享与优势互补。

为了实现教育资源最优化，为教师发展源源不断输送新鲜血液，我们学校作为教研片主持学校，不断创新、拓宽教研渠道，2017年11月与城东小学教研片联盟，开展2017年小学教师岗位培训活动，由两个教研片联袂，派送各片区内最优秀教师进行展示课、专题讲座、辩课活动，开设数学、语文、体育三个学科，参会教师达800人，促进了教师专业发展。2018年3月与平潭实验小学教研片联盟，开展数学学科"数与代数"领域专题研讨活动，进一步推动教师成长，发挥辐射引领作用。

三、活动赋能，走向文化自信

有位教育家说过："学校管理的过程，是由一个一个活动联结的过程，教师的成长其实就是由一个一个活动推动的过程。"科技正在为时代发展赋能，而教育则需要为科技发展助力，为此，学校通过开展活动为教师成长赋能。赋能即赋愿、赋爱、赋信、赋行。赋愿，就是赋"愿景"、赋"价值观"，这是能让团队走得更远的关键。而赋愿是否成功，则在于能否更好地赋爱、赋信与赋行。因而，学校通过活动赋能，给以教师专业发展的内省动力和外部支撑，提供更加宽松的空间、更充足的阳光和养分，助力教师享受幸福的教育人生。

学校把教师活动分为两类：一类是教师自主发展活动，包括团队活动、分类活动、个性活动；另一类是主题性活动，包括节日主题活动、学科类展示活动、假期研学活动。在活动实施过程中，我们力求做到：一是距离感消弭，让学校没有死角。我们强调的是"关注到每一个"，让学校不存在死角。学校为"每一个"做了很多安排："一个都不能少"的活动参与制度；特色节日营造的"人人都是主角"的氛围；为每位过生日老师发蛋糕券等……二是潜能的抵达,让老师向美而生。无数老师的成长经历告诉我们,为老师进行的平台搭建与潜能激发多么重要。为此,学校为老师搭建了很多平台:有专业发展平台,如聚焦课堂、教科研和岗位练兵;有学科活动平台,丰富的学科活动让我们看到很多老师的想法在闪光;有综合发展平台,如"教职工运动会""周一教师讲坛""定期阅读分享""今日,我们为你读诗""一亩田种植"等,让老师享受职业的愉悦感和成就感。三是自我的陶熔,让自己更加通透。"成己达人,成人达己"。只有先修己才能达人。为了帮助教师更好地成长,我们要求老师自拟成长计划,认识自我、准确定位。涉过"稚嫩"的河、跨过"高原"的坎,走向丰富的教育人生。同时在不断丰实、丰盈自己的教育生涯中引领着学生走向文化自信(见图 3-5 所示)。

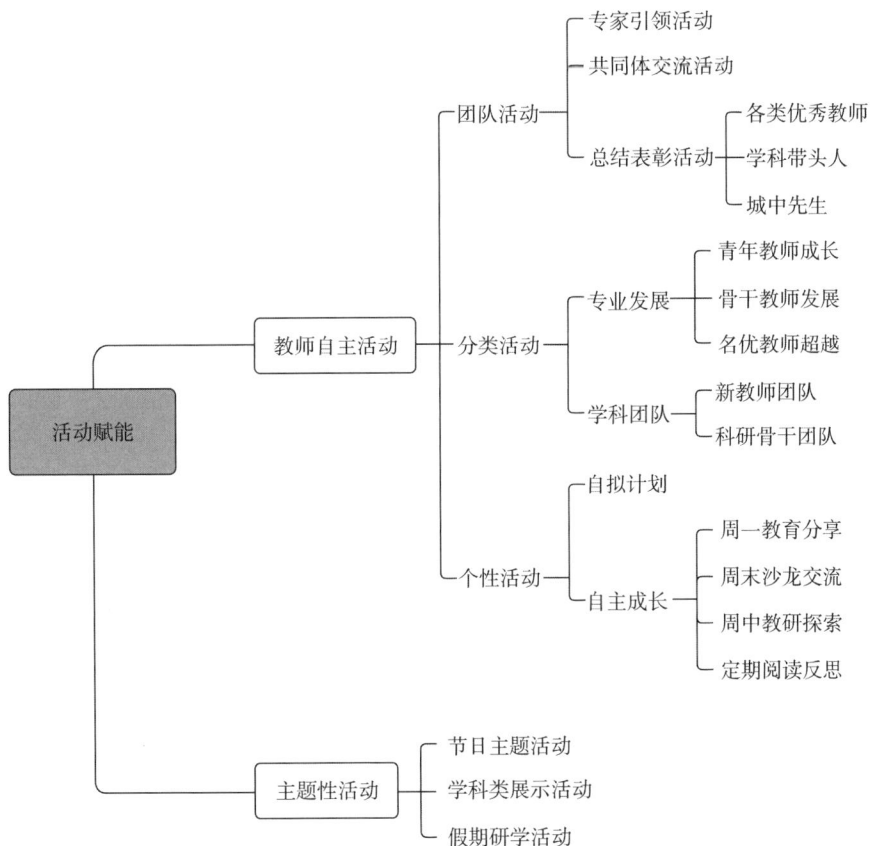

图 3-5 教师专业成长活动

第五节　追寻本真，幸福的席卷

一所面向未来的学校，应时时处处都奔涌着智慧的河流，我们所做的面向未来的教育改革，让教师不断学习，不断研究，不断认识自我，不断提升和发展，使每一个教师都有机会贡献自己的智慧和创新力量。教师的研究成果不断涌现，更新推动学校向前发展，也促使教师成为学校发展的主力军。

改革中的痛点、疑点和难点，越来越多地转化为大家共研的关键点、兴奋点与收获点。教师在直面复杂教育现实的问题解决中，站在前台经历风雨，在痛并快乐中享受独有的专业庄严与专业自信。在教课中，教师既是创造者，亦是受益者，这既是我们学校带给教师的最大福利，也是我们学校进一步发展的最有力支撑。一路走来，最让我们欣喜的是，这几年老师们在研究的过程中留下了很多原创性的、有价值的文章，都是因为科研让每个人成为研究者，教师的学术思维日益活跃。教师有了实践和思考，就有了创作的冲动和科研的动力。在大家教育理念中，每位成员都是重要的，每一个人都有领航和贡献的机会和可能，都拥有成长和发展的空间。近三年来教师专业发展呈蓬勃势态，教师参加各类竞赛获奖频频。

叶澜教授说：在一定意义上，教育是直面人的生命、通过人的生命、为了人的生命质量的提高而进行的社会活动，是以人为本的社会中最体现生命关怀的一项事业。教育并不是要强扭什么，而是要使原本就因生命存在而充满内在生机的教育，从被传统教育弊端造成的"沙漠状态"，重新转回到"绿洲"的本真状态。

追寻教育的原生态、本真态，我们的团队，行走在幸福而又美好的教育路上……

❋ 青春,永不散场

林彩英

那年,我十五岁,一米五左右高的小女孩,从偏僻的海岛考入了刚成立五年的长乐师范("福建省长乐师范学校"的简称),四年的学习生活,个儿高了,见识长了,毕业始便担任初中班主任的教育任务,拉着一批与自己差不多高的孩子学习、成长。一晃三十二年,一切如旧。坚守也好,忠诚也罢,清贫而平凡,充实且从容。

尔今,昔日母校已然改制,当一批批长师人回家寻觅青春之际,却发现自己成了无根之水,历史的潮流更新着教育的体制,原先的长乐师范已挂上高级中学的牌子,虽然聚会时师生们依旧热情,却总也怅惘。

感谢林华老师,续起了大家的长乐师范之弦,邀请各届同学回忆往昔留下的印迹,这让从未写过大文章的我也动心了。那四年,隐藏记忆深处的画面,再度清晰、定格。

我的老家是平潭岛最偏远的渔村,前往长乐师范求学,如果乘坐渡船(其实只是小渔船罢了)到长乐松下渡口,那要五个多小时。

1982年9月5日,我跟着父母亲坐车到了苏澳渡口。我和父亲坐上了一艘破旧的渔船,岸边母亲的道别声与挥动的手让我忽略了船的颠簸,只是一味地伤心,毕竟首次出门。

船舱内有股难闻的气味,父亲拉着我坐在甲板上,天气尚好,我规规矩矩地坐着,身边是母亲花了一周时间剥好的花生与蒸好的面粉(开水一泡便可以吃上香甜的米糊)。父亲不时瞅瞅我或是拉拉我的衣袖,许是怕风儿把我吹跑似的。"眼睛朝天空或远方看,不会晕船。""到了学校,有事多问老师与同学。"……不一会儿,我就挺不住了,搜肠刮肚的感觉在海面蔓延,只得一个劲地呕吐。父亲扶着我进入舱内,汽油的气味再次引起我的恶心。父亲从兜里掏出香烟盒放在我的鼻孔前:"闻闻,会好受些。""乘风"牌烟盒的清香赶走了咸腥的侵袭,我就这样靠着父亲,嗅着烟盒到了长乐松下渡口,踏上了中师的求学路。

求学路是艰难的,如渡船的颠簸一般;求学路是温馨的,如父亲的臂膀。当然,还有那一盒"乘风"牌香烟的清香。

一个学期过去了,该回家了,我再也不乘坐来时的那种渔船了。于是,跟着大部分平潭籍学子,辗转到福清,再坐娘宫的轮渡。那渡船乘坐45分钟便可到达。

寒假自然是冬日，寒风呼啸的渡口，我们十几位女生依旧笑脸盈盈——要回家了啊！年少的我们不懂，面临是又一道泥坎。

那天正值大潮，我们到达时潮水已退，船靠不了岸，我们只能自己淌着浅海的泥泞到岸。勇敢的王开雄同学先下船了，一下子矮了半截，陷入淤泥，我们呆了。幸好带队的任恢云老师一把拽住了他。"来，我背你们上岸。"他裤角卷到膝盖上，不由分说弯下腰杆。大冷天，我们不知道他的腿冻成啥样，也不知道海里的贝类或礁石是否划伤了他的皮肤，只是感觉着他一直喘气，脸上热腾腾的。就这样，在一群女生感动的泪花中，任老师将我们安全地领回家中。

回家的路依然艰辛，那是一年最冷的季节；回家的路当然开心，有任老师厚实的双肩与沾满泥泞的大脚，当然，还有家人翘首以盼的欢呼。

如今，海岛架起了跨海大桥——"一桥飞架南北，天堑变通途。"新时代的生活日新月异。实验区的号角已然吹响。渡船成了历史，成了记忆中难忘的故事，也成为我生命中深情的一页。

因为，青春的路上只有感恩。

应该说，长乐师范食堂的饭并不好吃，那时我们正当长身体的时候，天天吃豆芽菜（绰号五线谱）、豆腐块（又称长方体），营养本就跟不上，特别是那些十七八岁的大小伙子。于是，关于吃的故事就应运而生。故事中，我总看见那个刻着075字样的饭盒，静静地缩在铁架床下。

入学时，我们都会领到特定的学习用品与生活用品，其中就有铝制的饭盒。细心的老师在每个饭盒上刻上学号以便于我们识别。我在年段中排号75，于是，075饭盒就属于我了。

端着饭盒，跟着高年级的同学从食堂阿姨那领取到二三两米，淘洗后装入些许水，放入蒸屉，跟数百个饭盒一起进入伙房师傅的操作间，那份等待就开始了。上午四节课下来，所有人都饥肠辘辘，特别是第四节课，窗外的师母常常端着炒得香气腾腾的饭菜或是白花花的馒头路过，我们更急不可耐了，眼睛盯着历史老师（董必连老师）那永远不需要书本就能把中外历史倒背如流的嘴巴，只盼着他能停下来。"下课吧！"的"吧"字未出，后排的男生已然大步流星地冲到操场上了。记得那次，我们班的陈彩文同学创下了一餐九个馒头的记录（每个馒头二两重啊！）赢得了"馒头叔"的荣誉（哈哈）。

正值青春期，学校食堂的肉、鱼永远缺乏，你让我们年轻的小伙子如何不食不果腹？女生呢，也饿，也馋。但琼瑶电视剧中女主角的纤细总让所有人不敢饱肚。为了苗条，我们一顿比一顿吃得少，时常一边节食，一边又忍不住悄悄地去买街边的"二分饼"（馋呀）。

话题回到饭盒上，女生行走的速度比较慢，我又常常是最迟一批到食堂的人，到了食堂在一排排蒸笼中找我那熟悉的饭盒，打开虽米粒不多，只夹一点豆芽，但足以除去一上午的疲倦。最担心的事发生了，那天傍晚，我与陈秀容同学练琴回来，怎么也找不到饭盒了。两人红了眼圈，只好回宿舍泡母亲寄来的熟面糊。第二天，我们去生管老师那要了两个新饭盒，号码不变，但是摸着总有些陌生，认为这次刻的字不顺眼，大小不均，唉！女孩的心态。后来，许多女生的饭盒也开始丢了，在班级中嘀咕时，身后总有男生得意地笑，我们恍然大悟。

周末，女生们很热心地聚到男生宿舍，帮他们打扫卫生，自然每间宿舍都一样脏乱臭，哈哈，铁床架下扫出来的不仅仅是一双双臭鞋烂袜，还有一个个晶亮或沾满灰尘的饭盒。"捉贼抓赃！"我看到了我那熟悉的075号饭盒，完完整整地合着盖，在那铁架脚下静静地躺着。"天杀的盗饭贼！"男生有点不好意思。"你们要减肥，我们帮你们节食呢。""别生气，大不了下次不借本班女生的。"我们永远的老班长林友法出来打圆场了。其实我们不生气，我们知道，不仅仅是饿，农村来的孩子家境都不富裕，当然，男生的挑盒自有他们的秘密。果然，三三两两的，有女生将饭票省着给个别男生了。四年级时，三对同学正式宣布恋爱开启，由此，这三位男生再也不会去翻别人的饭盒了，他们成了首批享受饱食的男同学了。尔今，这三对同学早已成家生子，恩爱相守，也算是长乐师范的福祉吧。

青春是一段奇妙的历史，很庆幸我们打打闹闹、嘻嘻哈哈的成长中有米饭的清香。

075号饭盒，致敬一起成长的长乐师范82级中师生。

先生轶事

身正为范，学高为师。长乐师范的老师大多是返城参与高考的知青，他们阅历丰富，才知渊博，体恤学子，令我们农村的孩子仰视而崇拜。陈和忠老师的《我站在红色的讲台上》高亢深情，燃起了我们即将成为灵魂工程师的红色梦想；林华老师的体育课永远是女生最渴望上的，因为那老师又帅又能"口吐莲花"（何美玉同学如是赞）；陈以安老师的《红楼梦》点评滔滔不绝，激情四射，应该说，在他的鼓动下，不少女生成了红楼迷……

到三年级，选修专业了。盼来的是一位年轻的音乐老师，瘦而白，鼻梁上的眼镜似乎盖住了整张脸，一进教室，闷声坐在钢琴边，《献给爱丽丝》的旋律风一样地迷倒了所有女生。于是，大家争着抢时间、抢琴房，试图取得他的点赞，他却很严厉，不留情面地点评着每位练琴者的问题。记得晚自修时，我躲在寝室练习手风琴，他寻声而至，呵斥道："力度到哪儿去了？"一把拉住我的手指"继续练习！"天哪，这是手指吗？简直是一根坚不可摧的钢指。我忍着痛，倒替蒋存梅、何美玉她们担心起来："这两位天天跟在他后面练琴的，不知遭多大罪呀！"可就是这个钢铁一样的手指，训练出一批优秀的演奏者，特别是蒋存梅同学考取了音乐学院，成了大音乐家。陈绍昇老师，这么多年了，您用您的严格与坚持成就了一批批学子，虽然我们成不了钢琴家，但大家依然会记得您托着眼镜说的话："生活是磨出来的，艺术家是练出来的。"您可能也忘了吧！

毕业那年，我们的班主任是教数学的游泉俤老师。瘦高的个子，有着欧洲人一样深邃的目光。正值毕业季，班级里各种思潮都有。想着恋爱的，想着考学的，想着分配或出国的……他总是笑眯眯的，泡在教室里，陪大家学习、聊天、散步……分析着每位同学的特点，指点出大家最理想的目标与当下最应该做的事。跟他住在一起的陈以安老师告诉我们："每天夜深之际，你们的班主任总要站在窗口，眺望着教学楼的灯光，得意地说他的弟子还在灯下苦读呢！"（这几位弟子占了他私自留下的功能室的休息空间。）有时，我们熬夜深了，总有轻微的敲门声："天黑了，早点回宿舍休息。""下雨了，记得关上窗户，带把雨伞。"当时的我们习以为常，偶尔会觉得老师挺啰唆的，现在想来感动不已。

游老师，您教给我们的是教育人的情怀，我们苦读的不仅仅是知识补给，更多的是我们不想一开始就输在没有大学的起跑线上。您懂我们的自卑，所以给予我们最大的关怀与空间。这份情怀我珍藏着，三十二年从教中，认认真真地践行传递着。

想到徐玲老师，我的笔有点停滞。我不知道用什么词来形容她，她是良师，如母亲如姐姐般对我们呵护有加，循循善诱。一二年级时的班主任，她教会我们如何自理，如何相处，她带我们郊游、锻炼，带我们歌唱、跳舞，然后得意地看着一排高高大大的男生在舞台上合唱，开怀大笑："一个个都帅呆了！"长长波浪发在笑声中起舞。（我看傻了！）记得我第一次穿上连衣裙就是徐老师送给我的小碎花棉裙。"真好看！"在她的笑声中我赢得了自信。后来，她调到福州师范，我们依然亲密地往来。毕业了，她跟我们班的歌唱天王莫义进同学外渡澳洲，喜结连理。大家自然开心。只可惜，二十多年后，她俩分手了。前两年相聚时，我们暗暗担心，没料到她依旧青春，依旧爽朗，指着照片冲我们笑着："瞧我的孩子，男的帅，女的俊，多好！"我心中的石头落地了。

徐老师，您用您的笑声让我们领悟了余秋雨的那段话：成熟是一种明亮而不刺眼的光辉，一种圆润而不腻耳的声响，一种不再需要对别人察言观色的从容，一种终于停止向周围申诉求告的大气，一种不理会哄闹的微笑，一种洗刷了偏激的淡漠，一种无须声张的厚实，一种能够看得很远却又并不陡峭的高度。

徐老师，祝您幸福！

我们是一代经历独特的中师人，扛起了共和国基础教育的大梁，践行了忠诚教育的红色誓言。十年树木，十载风雨，十万栋梁。看今朝，神州大地，桃李正艳。纵然白发苍苍，我们仍会以灿烂的笑容告诉历史——青春，永不散场。

写于 2018 年 7 月

第四章

金麦田学程，让成长金灿灿

不管怎样，我老是在想象，有那么一群小孩子在一大块麦田里做游戏，几千几万个小孩子，附近没有一个人，我想要当一名麦田里的守望者，守望着千千万万的小孩子，他们在麦田里快乐地奔跑，旁边没有一个大人——我是说，除了我之外。我呢，就站在那陡峭的悬崖边，我的职务是在那儿守望，要是有哪个孩子往悬崖边奔来，我就把他捉住——我是说孩子们都在狂奔，也不知道自己是在往哪儿跑，我得从什么地方出来，把他们捉住，我整天就干这样的事。我只想当个麦田里的守望者。

——塞林格《麦田的守望者》

目前学校最大的问题就是我们统一的体系，统一的评价，统一的教学，统一的进度，这样就压抑了许多学生主动学习的积极性。用一个标准，一个模式去要求所有的学生，这跟工厂流水线生产有什么两样？这样的做法只能是不断挫伤每个人的自信心，破坏了每个人内在的这种成长力量。我们一直在思考，教育的真谛应该是扬长，而不是补短。每一个孩子都有他最优秀的地方。我们要做的是扬长，把你擅长的东西给你放大，帮助每个人成为最好的自己，让所有的人成为不同的人。这就是我们想把课程变为学程的初衷。

第一节　课程到学程的转变

一、"课程"的变迁

"课程"始见于《诗经·小雅·巧言》："奕奕寝庙，君子作之"句作疏："以教护课程，必君子监之，乃得依法制也。"（唐朝孔颖达）但这里课程的含义与现在我们现在说的课程的意思相去甚远。

朱熹在《朱子全书·论学》中也多次提及"课程"，如"宽着期限，紧着课程"，"小立课程，大作工夫"等。其意思指功课及其进程。这里的"课程"仅仅指学习内容的安排次序和规定，没有涉及教学方面的要求，因此称为"学程"更为准确。

到了近代，由于班级授课制的施行，赫尔巴特学派"五段教学法"的引入，人们开始关注教学的程序及设计，于是课程的含义从"学程"变成了"教程"。

现在，课程多指学校学生所应学习的学科总和及其进程与安排。课程是对教育的目标、教学内容、教学活动方式的规划和设计，是教学计划、教学大纲等诸多方面实施过程的总和。

二、课程到学程的变革是基于杜威和陶行知的理论

杜威倡导"学校即社会"。其课程观对我们国家当代基础教育课程改革产生了深刻积极的影响：增强学生的主体性，建立新型课堂教学模式；提倡"研究性学习"的学习方式，培养学生的探究与创新精神；注重课程内容与现实生活的联系，促进"课程社会化"；开设综合实践活动课程，提高学生的实践能力。无独有偶，陶行知的生活教育理论与杜威的"学校即社会"理论一脉相承。

陶行知主张传统学校必须改造，改造的依据是社会的需要。他提出的"社会即学校"就是指学校通过与社会生活结合，一方面"运用社会的力量，使学校进步"，另一方面"动员学校的力量，帮助社会进步"，使学校真正成

为社会生活必不可少的组成部分。

陶行知创立的生活教育理论,不但对当时的中国教育有着深刻的影响,而且对当前的教育改革有着重要的现实意义。受杜威实用主义教育思想的直接影响,陶行知的课程论思想十分注重儿童的兴趣和需要,注重儿童的活动,即"做",从这一角度言之,陶行知的课程思想也是杜威活动课程论的一种。但是,正像陶行知创造的生活教育理论与杜威的实用主义教育理论存在着本质的区别一样,生活课程思想与杜威的活动课程论也存在着重要的区别。生活课程论的主要特点是:①把书作为一种工具,一种生活的工具、做的工具,主张过什么生活用什么书。②主张以生活为中心的生活指导书代替以文字为中心的教科书。③主张把社会之需要与能力,个人之需要与能力及生活事业本体之需要作为课程设置、教学内容安排的主要依据。

而金麦田学程的研发,正是基于杜威、陶行知的课程论和时代的需求。

三、课程到学程的变革是基于后疫情时代的需要

教育是面向未来的,是为了培养未来社会所需要的人才。作为基础教育的小学课程也必须为学生具备适应未来生活、工作所需能力打好基础。核心素养提升替代知识的掌握将会成为未来小学课程的内容导向。"核心素养"的提出意味着学校课程内容导向从"知识本位"转向"素养本位",开启了新时代的知识观与学习观。特别是这一场疫情,让我们每一个教育人都被迫处在了"空白时间"与"深度思考"中,不得不思考未来教育的变革,教育是为未来生活而准备的,而教育的目的主要是依靠课程来实现,可以说有什么样的课程就有什么样的学生,有什么样的学生就会有什么样的未来公民。

（一）后疫情时代关注教育教学的变革

疫情终将过去,一切会回归正常。若深刻反思,积极推动教育教学变革,从某种意义上讲,也能把坏事变成好事。这次危机,让我们不得不考虑,如果未来的某一天,当学校不能按传统形态运行、学生不能到校上学的时候,我们该如何应对?

1. 要增强危机意识,学校做好战略储备

从现在起,我们要从理论到方法,研究如何充分发挥信息技术在教学中的作用,如何真正提高教师的在线教学水平,如何在平时就培养好学生

的自主管理能力,同时我们一定要准备稳定可靠的线上教学平台和完整的课程,万一哪天遇上危机,我们师生都能从容应对。

2. 加深对教育本质和学校内涵的理解

这次疫情让我们意识到,学校的形态在疫情中有形式上的变化,如育人的场所、育人的方式,包括在完成育人任务时每个人担当的角色,都发生了很大的变化,但教育的核心任务没有发生变化,那就是促进学生全面发展、健康成长。

这次疫情让我们明白,学校不见得非要以固定的组织形式来进行,但必须有学习任务和学习指导。在学习的组织上,要有序,要讲究教育方法。虽然学生在家学习,但是同样能做到德智体美劳五育并举,教师可以通过互联网指导学生落实学习任务和育人目标。学生的自主学习能力很重要,教师要指导学生做计划、控制节奏、建立秩序,形成学校的"精气神"或学校的灵魂,保证培养人的核心任务不变。

3. 要重新认识在线教学的价值,改进教学方式

不管教育的场景在哪里,教育的样式怎么转变,教育的目的就在于它的意义。"停课不停学"的意义首先在于建立相对有序的脱离学校和教师管理的教育秩序,但它最终还是要聚焦于人,聚焦于人的成长,因而需要寻找更有意义的教育。

未来已来,线上线下融合教育会是现代人学习的一种基本样态。但我们还是要回到教育的原点,把孩子当人,因为"人"才是教育的目的。我们要教会学生用正确的方式打开海量的网络教育资源;我们要基于网络工具和人工智能,打造未来学习的新工具、新手段,使每一个学习者形成一种数据的思维、数据的表达,拥有数据的财富;我们要基于在线学习和"自主学习",让学生奔走在不同学校之间、不同班级之间、不同社群之间,让他们更自主地建构最有效的学习。

(二)后疫情时代要关注生命教育

这次疫情给全国人民上了一堂生命体验课,确切地说,是正在补上一堂生命教育课,因为这原本是我们每个人都应该上过的必修课。生命与教育,本来就是一体的。教育的使命,就是帮助一个生命从自然人变成社会人,通过拓展生命的长度、宽度和高度,帮助每一个生命成为更好的自己。

面对这样一场疫情,我们除了教会孩子如何做好个人防护、养成良好的个人卫生习惯,还应当传递哪些有价值的理念和认知?一线医护人员的

执着坚守、各条战线上工作人员的无私奉献、一方有难八方支援的团结精神,在疫情防控中都得到集中体现。一幕幕感人的场景也可以化作课堂的养分,让孩子们乃至全社会共同思考,在生命面前,个人、集体、政府乃至全社会的所为与应为。今天的孩子,就是未来的专家、医护人员、公务员等社会成员,不同的社会角色究竟要如何对待生命、如何理解责任,这涉及生命教育、科学教育、社会教育、道德教育、责任教育等,是每个孩子在成长过程中必修的人生功课。

这些内容,也融合了最鲜活的各类学科知识。对生命的珍惜与尊重,对生活的反思与学习,让学生理解人与自然、人与动物、人与自我、人与社会的生死与共、和谐相处的生命关系,应该成为教育的基础内容。

(三)后疫情时代注重师生学习力的提升

疫情让学校教育、家庭教育、社会教育中长期积累的问题充分暴露出来。从"教为中心""师为中心""书为中心"到"学为中心"到"生为中心""问题为中心""任务为中心"……教育即解放,教师即开发,课堂即学堂,天性即个性,成长即成功。

1. 教师的学习力有待加强

线上教学不会让一个差老师变好,但是它会让更多的学生更好地体验教师的好坏。线上教学,如果没有"学习者个性选择、学习者参与建构、学习者自主分享、学习者深度互动、学习者社群建设"……有效学习和教育就很难发生。教室里面对面孩子们都不愿意听的"老生常谈"和"喋喋不休",可以想象隔着屏幕会怎样呢?

大面积线上教学的开展对教师是一种解放,但对很多老师来说,也可能是一种淘汰:封闭保守当个体户,加班加点干体力活,挪移知识做背桶人,再不转型来不及了。未来学校的形态当中,可能大概率会形成网红老师上课其他老师辅导的局面。能者为师、愿者为师的时代已经来临。

2. 学生的学习力亟待提升

什么是真正的"学会学习",这个特殊的时期提醒我们展开新的审视。答案其实很简单:"学会学习"的关键指标,理应是学习者面向未来,具备"自主学习、终身学习的意识、习惯和能力"。一场特殊的疫情,让每个学生、教师,甚至每个家庭,都会面对如何自主管理学习、作息、交流……这些与原有学校的系统规范迥异的学习场景。

甚至我们可以看见孩子们能借此生成怎样的自我管理能力,既是一场未来技能的提前排练,也将导致一场学习能力的新分流。建立这种新的能力,学生最大的挑战是"自律"。所以,学习计划、学习工具、学习资源是必须首先拥有的;同时,我们还需要建立伙伴共学小组,相互勉励自我管理,甚至走向自组织的学习。

基于上述原因,我们拾起了"学程"的概念,以学为中心的学习主张,关注学的主体,关注学的过程,在学习的进程中,所有人都是学习者,所有资源都是学习资源。用陶行知先生的话,让教育知识变成空气一样,弥漫于宇宙,荡涤于乾坤,普及众生,人人有得吸收。

附:2020 年开学第一课致辞

❊ 愿春来冬去,你已成长

2020 注定是一个不平凡的年份,在鼠年春天来临之际,我们正在经历着一个特别寒冷的冬天,冷到十多亿人都闭门不出。一场前所未有的新型冠状肺炎病毒正在我们国家肆虐。截至 2 月 17 日,这场由新型冠状病毒引发的疫情已经夺走了一千七百多个鲜活的生命,让数以万计的人有家不能回,而且这揪心的数字还在不断地攀升。可怕的病毒,已经远远超出了人类现有的认知。亲爱的孩子,生活是本厚厚的教科书,我们经历的一切事情,都将在成长历程中留下印记。作为老师,我们在线上给你们上课,希望你们读读疫情阻击战这本难以忘却的教科书,请记住下面这三句话。

首先,你们一定要学会敬畏自然。

敬畏自然界的规律,敬畏和我们在同一片天空下的不同生命。孩子,除了疫情外,这一年在我们居住的星球上,还发生了澳洲山火、非洲蝗灾等一系列事件。这些都让我们不得不去思考人与自然的关系。起初,没有人在意一场灾难,这不过是一次山火,一次旱灾,一个物种的灭绝,直到这场灾难与每一个人息息相关。正如伟人恩格斯所说的那样:我们不要过分陶醉于人类对自然界的胜利,对于每一次这样的胜利,自然界都会对我们进行报复。所以,在大自然面前,不要傲慢。傲慢是最大的罪。我们该补修的,是谦卑。敬重他者,尊重生命,于己谦卑。所以,孩子,请你牢记,大自然是我们生存的摇篮,动物是我们的兄弟,珍爱自然,保护环境,善待动物,就是在呵护我们的生命与健康。只有我们拥有对生命的敬畏之心时,世界才会在我们的面前呈现出它无限的生机。蓝天、白云、碧海、绿草,新鲜的空气,欢奔的动物,所有的美好才会成为我们的幸福。2020年第一课,这是我们该学会的。

其次,你们要学会尊重科学。

如果一个人不了解自己脚下的这颗星球,那就不能理解大自然的健康与人类健康之间有何关联,而认识这种关联,从我们的学习开始。这次疫情让我们懂得了自然与人类的密不可分,这是自然科学。你们要学会探索,去发现规律,去研究自然中的阳光、空气、土壤、山川、河流、森林,这些与人类赖以生存的养分如何保护,这是一本厚厚的教科书,孩子,希望你们认真品读。今天,我们谈关爱自然科学,是因为我们需要健康的环境。而健康从科学的习惯做起。所以,我们要注意个人卫生,勤洗手,开窗通风,外出戴口罩,不随地吐痰,讲究科学饮食,讲究垃圾分类,讲究健康锻炼。这也是科学,这是生存与发展的健康学。从小学起,从我做起,珍爱自己,也是对他人与自然的尊重。

亲爱的孩子,我们要时常翻开历史,找寻伟大历史长河发展史中的苦难教训,你会发现,一次一次的灾难皆是源自贪婪、自私、无知的掠夺,而一次次的化险为夷总是在那些正义善良的守望相助、担当无畏的大爱精神与博学智慧的付出探索中完成的。这次疫情也是这样,许许多多的医学专家、生物学专家正在夜以继日地辛劳:控制疫情蔓延,研制开发疫苗。相信他们,相信科学,疫魔必将灭亡,疫去雾散的日子很快就会到来。因为,没有一个冬天不可逾越,春天终会来临。亲爱的孩子,老师希望你们尊重科学,因为科学是人类认识自然的工具,是我们发现真理,造福社会的金钥匙。而科学的未来只能属于勤奋而谦虚的年轻一代。所以请你们珍惜时间,好好学习,勇于探索,或许未来,你就是了不起的自然科学家或医学研究员。因为美好的未来需要你们去创造。

其三,你们要学会博爱与担当。

亲爱的孩子,这个冬天很冷,但是寒冷的空气中弥漫着更多的是爱与责任。疫情暴发,全国奋战。习总书记重要指示:人民利益高于一切,奏响集结号。总理飞奔武汉一线,全国医务工作者驰援武汉,十日内抗疫医院落成,四方物资迅速调配……钟南山教授昼夜辛劳,白衣天使们日夜奋战,还有众多工人、一线干群的舍己坚守,无数企业、国内外爱国人士与普通群众的慷慨解囊……微信群中,逆行者的形象是如此伟岸,众志成城的声援是如此激昂,中华民族正用一种万众一心的力量在全国诠释"守土有则,守土担责,守土尽责"的人间大爱。

　　亲爱的孩子，大爱无疆，当你们乖巧地守在家中，用稚嫩的双手画出逆行者的伟岸，用激昂的文字写出对英雄的致敬和对未来的遐想，当你们真挚地呼喊着"武汉加油、祖国加油、我们以致敬的方式参战"时，你们也在用自己的行动证明中华民族守望相助、血脉相连的根植文化，你们跟全国人民一样，会迅速地在这次战"疫"中学会博爱，学会担当，学会成长。亲爱的孩子，当阴霾散去，终会有一个灿烂的晴空，相信不久，我们就会恢复从前的日常，用欢欣的心情，去迎接春暖花开。这场战"疫"虽然让我们感受到寒冷和残酷，但也让我们见证了温暖和美好，它让我们拥有特别难忘的成长历程。将来，当翻开这本抗疫教科书，你会庆幸，在这场战"疫"中学会的博爱与担当让你成为一个善良而勇敢的造福者。

　　少年智则国智，少年强则国强。亲爱的孩子，很抱歉让你们经历了这么寒冷的冬天，看到了世界某些角落的不美好。但我们相信，疫去雾散就在眼前，春暖花开时，一切美好会重新回归。我们也相信，这样一次与贪婪和无知的较量、一次与善良同大爱的拥抱、一次与担当携坚守的致敬的经历必将成为你们的成长教科书，让你们珍惜当下、探究科学，成为未来美好世界的建设者与造福者。

　　孩子！愿春来冬去、疫去雾散之际，你已成长。

图 4-1　2020 年开学第一课致辞

第二节　金麦田学程的建构

我们知道,课程是一种动态的过程,是生成性的,而不是僵化不变的。改变传统课程观,把课程作为教学内容来理解,强调课程是师生经验互动和学习者经验的建构过程,课程能让学生在探究和体验中学习,课程关注的是学习者的学习过程和方法而非学习结果。同时,课程既要关注过去,又要关注现在。课程要反映人类先前的知识体系,但更重要的是跟学生当下的生活经验联系起来,让课程回归学生的生活世界,回归学生的经验世界,尊重学生的个性与经验的发展,让课程更具人性。因为学习者是课程的主体,以学习者的兴趣、需要、能力、经验为中介实施课程,强调活动是人心理发生发展的基础。课程是从学习者角度出发和设计的,与学习者个人经验相联系、相结合,强调学习者作为学习主体的角色。

简单地说,学程打破了课程的时空性,强调的是吸取资源的能力和终身学习的毅力,从小学开始,让学习成为一种习惯,让学程陪伴一生的美好。

一、一个中心

真正的儿童视角,就是站在孩子的角度,与孩子拥有共同的兴趣,理解孩子们的精神世界。每个孩子的未来都值得被尊重。每一个孩子都是我们的骄傲。用儿童的眼睛去观察,用儿童的耳朵去倾听,用儿童的大脑去思考,用儿童的兴趣去探寻,用儿童的情感去热爱……让教育回归天性就是让教育回到朴素常识的状态,回归爱的教育;教育的本质就是传递爱,教孩子们如何做人。

热爱每个孩子、相信每个孩子都能成为好人并且时刻不忘记自己曾经也是个孩子;树立平等观念,尊重孩子,并从细小的事情做起;与孩子一同释放天性,建立信任感,点燃孩子们潜在的上进欲望;所有的孩子没有优生差生之分,让他们能成为最好的自己,这就是拥有"儿童视角"的教育。

图 4-2　我们是一名光荣的小学生

二、两个"聚焦"

如何落实学程改革的深层要求？我们认为，学校学程变革要关注学生的生长和多维合作，要激活学程参与者的主体意识，让学校的学程有足够的生长空间。要有回到学程改革的原点去的思维，去思考学校学程变革为了谁？如何深度推进？

（一）聚焦生长

无数事实证明，任何一场变革，总是缘起于文化观念和思想意识的觉醒。推进学校学程变革首先是心态的归零，学校学程变革必须回归原点、聚焦生长。这个问题的本质是"学程改革究竟为了谁"的问题。

教育部《关于深化课程改革，落实立德树人根本任务的意见》指出：要根据学生的成长规律和社会对人才的需求，把对学生德智体美全面发展总体要求和社会主义核心价值观的有关内容具体化、细化，深入回答"培养什么人、怎样培养人"的问题。从当前情况看，学程改革必须明确学生应具备的必备品格和关键能力，突出强调个人修养、社会关爱、家国情怀，更加注重自主发展、合作参与、创新实践，明确学生完成不同学段、不同年级、不同学科学习内容后应该达到的程度要求。

聚焦生长的特征：

一是倾听感，聚焦原点，关注学生的学习需求；

二是逻辑感，严密的而非大杂烩或拼盘的；

三是统整感，更多地以嵌入的方式实施而非简单地做加减法；

四是见识感，以丰富学生的学习经历而不以知识拓展或加深为取向；

五是质地感，学程建设触及课堂教学变革，教学有效性的提升倚赖学程的丰富与精致。

因此，金麦田学程变革的根本任务是立德树人，提升学生的核心素养。学校学程改革就是要聚焦生长，充分尊重学生的兴趣和经验，设置多样化的学程，多维度地满足学生的学习需求。

（二）聚焦合作

为了提升学程品质，金麦田学程变革应实现教师、学生、家长、社会、专家等群体的最大化互动与联合。

首先，人员要全纳。金麦田学程建设涉及校长、教师、学生及其家长等，所有可能的人都要纳入学程改革的主体视野。校长是学程的主要决策者和责任人，教导处成员承担学校学程常规管理工作，包括学程实施与开发的组织、安排、指导、协调等工作。学校应充分调动师生及家长的学程参与积极性，家长及社区人员有学程管理的知情权、建议权和参与权，为学校学程发展提供资源是义不容辞的责任。

其次，组织要强化。学校设立金麦田学程领导小组，负责学校学程开发中的重大决策与研究。这个小组由校长、教师代表、学生及家长代表以及社区相关人员构成。此外，还要充分发挥校委会、教导处、德育处、学科教研组在学校学程变革中的作用，使之各尽所能、各尽其责。

总之，金麦田学程变革应团结一切可以团结的人，创造多赢的局面，形成完整的多主体价值链。

三、六个动作

我们用六个"关键动作"扎实、深入推进学程变革，形成学校学程变革架构，创设学校文化特色。

（一）把儿童放在学程的中央

金麦田学程旨在以学生为中心，应该贴近儿童的学习需求，聚焦孩子们的生长点，着力捕捉孩子们的兴奋点，点燃孩子们的学习热情，满足孩子们的学习需求。从学习需求的主体看，我们应关注这样三类学习需求：一是所有孩子的共同学习需求；二是一部分孩子的团体学习需求；三是特定孩子的个别化学习需求。

（二）建构自己独特的"学程图谱"

丰富的学程比单一的学程更有利于孩子们的人性丰满，这是一个学程常识。如果把学程视为书本，孩子们可能会成为书呆子；如果把学程视为整个世界，孩子们可能会拥有驾驭世界的力量。为此，我们致力建构自己独特的"学程体系"（见表4-1所示）。形成天然的、严密的学校学程"肌理"，让学程有逻辑地"落地"，有利于克服学程碎片化、大杂烩问题。

（三）具身学习成为最核心的实践样式

"具身学习"是将"身体"置于认知实践的中心地位，强调认知是通过身体体验及其活动方式形成的，体验是一种在亲身经历和实践过程中获得的独特感受。

它是通过身体的感觉运动系统与周围环境的互动，促使学习者的认知、心理和情感水平发生变化。在具身学习视角下，学习的主体是全部的"我们"，而不是意识的"我们"，具身认知学习理论启示我们要不断创造条件，鼓励学生通过多种感官训练手段以体验、探索、实践、感悟、迁移以促成真正意义的学习，进而实现学生成长的独立性、选择性、多变性与差异性。

真正的学习应是具身的。换言之，只有个体亲身的经历和体验才称得上是学习。而金麦田学程建构的初衷就是让孩子们体验各种经历，重视孩子们直接经验的获得，通过一系列的实践活动，扩充和丰富孩子们的知识，并由此将知识以及其他的各种可能转化为自身的经验，实现自身的"细微变化"。

表 4-1　"金麦田"学程体系

类别		课程类型		目的意义
金麦田学程体系	国家课程	学科基础课程		遵循教育活动的规律,开足开齐国家规定的课程,保障教学质量
	拓展性课程（校本特色课程）	项目式研究课程	以"主题节庆"为主题	以培育学生的核心素养为目标,学科融合,发展学生研究性学习能力,提升综合素养
			以"大千世界"为主题	
			以"纵横古今"为主题	
		成长社团课程	科技创新类	培养学生的特长与兴趣,提升人文素养,发展个性
			人文艺术类	
			运动生活类……	
		德育实践性课程	三礼六节 三礼:入学礼、成长礼、毕业礼 六节:感恩节、读书节、书法节、才艺节、实践节、体育节	通过活动,让学生明理与启智
			主题教育 安全、国防、禁毒教育等	利用社会资源,形成教育合力
			研学课程 行走平潭（按年段划分）	利用当地公共文化和自然景观资源,拓宽学生的视野
		私人定制课程	毛笔书法琅琊课程	满足个别特殊生的发展需求,培养特殊人才
			乒乓球队转训课程	
			特殊生辅导课程	

（四）关联与整合成为金麦田学程实施的常态

关联与整合是金麦田学程变革的关键特征之一（见图 4-3 所示）。关联与整合强调要以各学科的独立性为前提对学程内容进行多维、多向的组织。这就意味着,我们要打破学科的固有界限,找出学程要素之间的内在联系,关注知识的应用而不仅仅是知识形式,强调内容的广度而不仅仅是深度。在整合的基础上,加强各个学科之间、学程内容和个人学习需求之间、学程内容和校外经验之间的广泛联系。例如,在英语学程与地理学程之间关联和整合,能使语言学习跟地理时空的相关主题之间建立最常见、最有价值的联系。

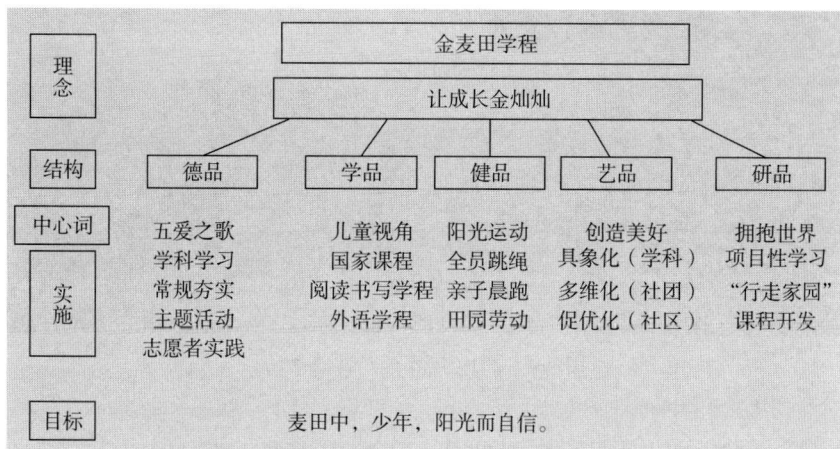

理念	金麦田学程				
	让成长金灿灿				
结构	德品	学品	健品	艺品	研品
中心词	五爱之歌	儿童视角	阳光运动	创造美好	拥抱世界
实施	学科学习	国家课程	全员跳绳	具象化(学科)	项目性学习
	常规夯实	阅读书写学程	亲子晨跑	多维化(社团)	"行走家园"
	主题活动	外语学程	田园劳动	促优化(社区)	课程开发
	志愿者实践				
目标	麦田中,少年,阳光而自信。				

图 4-3　金麦田学程的结构图

(五)学校弥漫着浓郁的学程氛围

金麦田学程保障条件的落实、学程氛围的营造以及学校文化的自觉生成,是金麦田学程变革的重要组成部分。如何落实学程保障条件、让学校学程氛围浓郁起来? 从主题仪式化入手。孩子们对于节日的喜爱源自天性,几乎没有孩子不喜欢"过节"。每个学期开始前,学校可以集体策划、共同商讨本学期的主题节日活动。

如学校可以推出热火朝天的"劳动节",引导孩子们动手动脑,学会观察,搞小研究,孩子们就可以设计绚烂多彩的"手工作品",针对不同年级开展废弃物利用的制作活动,以生动有趣的形式来展现审美情趣,表达情感,激发孩子们的创意,让他们增进环保意识……对于孩子们来说,校园节日是难能可贵的金麦田学程。一句话,学校精心准备、周密策划,充分发挥全体教师的智慧与才干,开发具有时尚、艺术、娱乐等元素的、孩子们喜欢的校园节日,将德育活动通过一个个校园节日展现出来,让丰富多彩的节日活动吸引孩子们,浓郁金麦田学程文化氛围,给孩子们的校园生活留下美好的回忆(见图 4-4 所示)。

图 4-4　2019 年六一节诵读活动

（六）聚焦儿童的成长与发展

众所周知，学程与儿童的关系是一个既古老又年轻的话题。说它古老，是因为自从有了学校教育，有关学程与儿童的讨论便应运而生，历史上每一次学程改革都必然伴随着儿童观的思考；说它年轻，是因为随着时代的发展，这个问题会表现出新的形态与新的内涵。可以说，"让学程回归儿童"是金麦田学程变革的必然选择。

当前，我们力图在金麦田学程的目标设计过程中凸显内在生长的视角，学程内容设计方面突出学程内容的生命活性，学程结构把握强调纵横交错的系统思维，学程实施探索强调具身学习的人本立场，学程评价与管理彰显儿童的主体地位，让学程真正回归儿童。

四、以学定教，构建生本课堂

到目前为止，各学校主要还是通过"学科"的形式实施国家课程的，我们并不认同那种谈课程却避而不谈学科的做法。在没有能打破学科界限，把国家课程真正整合出校本化的课程体系之前，学科课程建设一定是学校课程实施的重头。"学科"范畴之下，如何有效落实国家课程，我们以课题"以学定教，构建生本课堂"为抓手，带领教师积极构筑"学"为主体、"顺学而教"构建"生本课堂"模式，提升教师学科教学能力，不断改进学生学科学习方式，提高学生学科学习质量。

(一)"以学定教，构建生本课堂"的实施

"生本课堂"指的是能在课堂上师生(生与生)轻松互动交流，和谐合作共享的课堂，是充满智慧动态生成、充满活力、充满精彩，充满快乐的课堂，是师生双方体验幸福、享受幸福的过程。

新课程标准把情感态度和价值观等人文性因素放在教学目标的突出地位，突出了语文教育应有的丰富内涵，还语文以本来的面目。关注人文性，一要"以学定教"，把学生的学习需求作为实施教学的依据，置学生于学习的主体地位，把学生的学习收获作为评价课堂教学最重要的标准，促进全体学生在原有基础上都能得到发展。实践"以学定教"，务必非常重视学情分析以及着眼于学生的发展需求，寻求适合学情的教学方式。二要"以教促学"，以教师有效的教促进学生全面的发展，实现两个转变，即通过教师教学态度的转变促进学生学习态度的转变；通过教师教学方式的转变促进学生学习方式的转变。通过策略性地改变教师的教，促进学生自主、合作、探究等学习方式的形成。

1. 生本课堂的教学原则

生本课堂应该是幸福课堂、趣味课堂、互动课堂、和谐课堂。这就需要教师在组织教学活动时，遵循一定的教学原则，因学设教，顺学而导，以学评教，合理组合教材内容，选择有效的教学方法，通过课堂上教与学的双边活动，促进学生主动参与、自主探索、合作交流，全面实现课堂教学有效性。

(1)培养合作学习与独立思考原则

我们认为在有效课堂实施过程中，要确保课堂教学的有效性，就必须遵循"以生为本"的原则，具体来说"以生为本"应有三个体现：一是学生是否喜欢和期待上这一节课，是否有幸福感；二是学生在这一节课中是否有"两得"，即得到了知识的积累和运用技巧，得到了良好的情感熏陶；三是这一节课的学生学习反馈的信息渠道是否畅通，教师能否及时掌握并快速反应跟进，查漏补缺。

(2)教学设计注重生成与建构，淡化预设与讲授原则

课程改革要求课堂教学要体现以学定教，因需施教，增加灵活度。教师的主要任务是组织课堂教学，把主要的时间让给学生进行自主学习。而学生的"自主"一定要与教师的"主导"有机结合。我们认为，在这些教育理

念观照下的课堂教学,我们必须结合学生实际差异,指导到位,充分调动学生的学习积极性,自主探究相应的知识;必须尊重学生的学习状态,从实际出发,从学生的阅读经验和生活经验、接受能力出发,确定课堂教学内容;必须能够组织学生共同探究,共同实践,相互批改;必须尊重学生的表达愿望和表达内容。

(3)注重"授之以渔"与"独特体验"原则

叶圣陶先生早就说过"教是为了不教",也就是说,"教",不是我们教学的目的;"不教",才是我们教学要达到的终极目标。要做到"不教",就是要授之以"渔",让学生在自主学习、互动学习、探究学习中寻求方法,学会求知,最终达到"不教亦能"的学习境界。

(4)渗透"学以致用"与"终身受用"原则

在学习过程中,坚持终身受用的原则,充分发挥学生的主体作用,归纳总结出终身受用的学习方法,才有益于学生的终身发展,这是和终生教育思想相一致、相适应的。只有教师的"放手",才有学生的"创造";只有教师的"信任",才有学生的"发挥"。相信学生,解放学生,依靠学生,发展学生。这样的课堂才会充满快乐、充满喜悦、充满幸福。学习,真正成为对话的过程。

2. 生本课堂的教学策略

佐藤学认为,学校和教师的责任并不在于"上好课",而在于保障每一位学生学习权利,提供学生挑战高水准学习的机会。为此,我们在推进课堂变革的过程中,必须要咬定四点:

(1)备课——从教案到学案的转变。

检查教师备课,不在于看其是否书写工整、结构完整,而在于从其记录的文案中,推测一个教师对文本是不是做到读"通透"了,围绕文本在核心问题的设计上是否精准,设计是否符合班情。

(2)听课——从观教到观学的转变。

我们把观课的目光由"教"转向"学",将一个或一组学生作为重点观察的对象,记录他们在每个焦点时刻的学习状态,尤其要注意收集关注对象的"特别表现",并推断发生这些现象的原因。

(3)评课——从评教到评学的转变。

所有听课教师都在小组内表达自己的观课所见所感,重在分享所关注学生在课堂上的学习故事,以及由此产生的感悟。

(4)检测——从考记忆到考应用转变。

今后,我们在检测形式和命题方式上发生重要的转型,坚决摒弃机械的检测学生记忆信息的做法，重在聚焦真实的情景，评判其用所学解决生活中的问题的能力。

（二）初步构建生本课堂教学模式

在研究中，我们根据相关理论以及"新课程标准"，尝试了新课程理念指导下不同课型的教学模式实践，构建出了生本课堂教学模式，即三环、四步。

1. 三环

课堂整体时间可划分为三个环节：即"10＋25＋5"，教师有效讲课时间不超过 10 分钟，学生自主学习时间不低于 25 分钟，检测练习 5 分钟。

2. 四步

（1）预设导学，自主预习

教师根据不同的学情、学习方式进行预设学案，预设我们老师讲什么，包括怎样讲，如果能根据学生想什么，根据学生的已有基础来确定、来决定、来指导，再把学生之间客观存在的差异因素考虑进去的话，教学的有效性一定会大有提高。每位同学根据学习目标在规定时间内完成自学任务，动脑，认真预习、自主分析、解决问题，用红色笔标出自己解决不了的疑问。在预习之后，由学生自主完成学案。

（2）创境质疑，合作探究

教师积极创设情境，使学生在情境中产生问题，从而产生解答问题的欲望，以更好地理解课文内容。让学生在"创境质疑——解决疑问"的过程中，学会合作交流、讨论甚至争论，从而在理解的基础上掌握新知。

（3）交流汇报，引领生成

小组通过讨论交流，把自己构建的知识网络或提炼的典型解题思路，予以展示。在展示的过程中其他小组成员可以对展示内容进行补充或修改，让所有学生有事可做。

（4）智评呵学，反馈提升

学生经过激烈的讨论，思维比较活跃，这时需要精心归纳总结，反刍消化，清理过关，使知识更加完善、掌握更加扎实。教师的评价在有效课堂教学环节中主要体现在两处：一处是随时进行的即时评价，另一处则是在课堂教学结束时的小组评价。评价必须切中要害，具体而明确，绝不可以模棱两可。最后进行达标检测：可以是口头检查，也可以是学生之间一对一的检查，可以用小纸条，还可以设计题目进行书面检测，总之要根据当堂内容灵活检测，注重实效。下课前让学生整理课堂所学内容，总结学习收获。之后可分层布置适量的作业（见图4-5所示）。

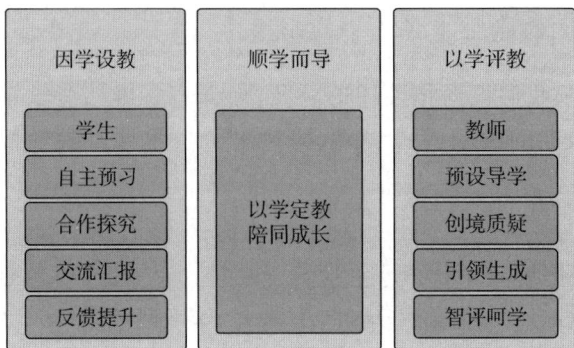

图 4-5　构建"以学定教，构建生本课堂"模式

（三）形成了一套生本课堂的评价标准

学生参与课堂教学的幸福感是生本课堂教学关注的焦点，这是理念的更新与进步。只有从全体学生的发展、学生的个性发展、学生的全面发展对学生学习过程进行的评价才是科学的、有效的。经过两年多的研究、探讨，我们提出了课堂教学的"五要"意识及实现了评课标准的三个"转向"。

1．"五要"意识

要淡化教师的权威意识；要强化学生的自主意识；要重视学习能力的培养；要重视良好学习习惯的培养；要关注学生中的弱势群体。

2．"三个"转向

（1）评价目标从"单一"转向"多元"。

从"单一"的评价认知多少，转向课堂教学的全过程学生的全面素质提高了多少（学生运用新知识的能力、创新精神、学习习惯、情感价值观等培养得怎么样），通过评价，促进教师认真确定素质教育的教学目标，并按照"以学定教，当堂训练"的教学结构，对学生进行严格训练，促使学生全面发展。

（2）评价主体从"重教"转向"重学"。

从主要评教师怎样教（教态、语言、板书、现代化教学手段运用等）转向重点评学生怎样学，是否人人紧张地动脑、动口、动手，自学的效果如何。这样，促使教师把备课、讲课的工夫花到引导学生学习这方面来，不仅让学生获得知识，而且爱学、会学，能力不断增强。

（3）评价重点从"形式"转向"效果"

课堂上能让学生有效完成学习目标就是好课，否则教师讲得再好、形式再美也不是好课。课堂上要保证时间，学生训练不得少于 15 分钟，限时训练不低于 10 分钟，让学生能在实践中，把知识转化为能力；训练的内容重在应用刚学到的知识解决实际问题，训练的形式像竞赛、考试那样让学生独立、快节奏地完成，教师不做辅导，学生不得抄袭。这样的课堂作业犹如"实弹演习"，好比战场上的高强度的综合训练，它是全面提高学生素质（如拓宽知识、发展学生的思维，磨炼学生的意志，增强竞争意识、独立意识，培养雷厉风行的作风、严谨的态度，等等）减轻学生课外过重负担必不可少的，这样能够及时检测课堂教学的效果，教师要尽可能及时批改，快速准确地反馈信息。

学校以"大家学园"文化的核心价值为指引，使课程的整体架构和实施都指向如何培养"大家风范的城中少年"，这是"儿童立场"的学校课程建设的基本价值取向；"基础性与拓展研究性相结合""面向群体与面向分层相结合""夯实基础与丰富个性相结合"是学校课程建设的基本思路；国家课程、地方课程与校本课程整合落实，国家课程校本化、校本课程多元化、特色课程个性化是学校课程建设的基本特征。在实施策略上，我们采取基础课程与校本课程纵横交错推进的策略。这种推进方式的好处是，既便于落实各学科课程的纵向推进任务，又方便校本课程依据学生兴趣和特长来培养目标，整体架构和实施课程，使课程更符合儿童发展需要，真正体现"儿童立场"。

第三节　金麦田学程之项目式学习

传统教学模式将各个学科割裂开来，形成一个个独立的知识，然而现实中许多问题错综复杂，需要联合多个学科的知识才能解决。因此必须打破学科的界限，有助于培养孩子解决现实问题的能力。基于此，金麦田学程引进了项目式学习。项目式教学作为一种学习方式，在西方教育中非常流行，这是一种什么样的学习呢？它给学生提供了一个贴近生活实际的驱动问题，在解决驱动问题的过程中学习、应用多门科学知识。其中涉及了语文、数学、科学、音乐、体育、美术等等的科目，所以教学内容其实是围绕各种问题所编制的综合课程。这就要求学生需要通过跨学科、跨领域的学习来解决问题。

在完成项目式学习的过程中，学生是学习的主体，是项目的参与者和责任人，而不是被动接受知识的对象，他们将学会使用多种信息检索工具或者方式去搜索资料、研究分析和沟通合作。项目式学习会帮助学生解决生活中的实际问题，因此具有一定的现实意义和社会效益。学生通过对不同领域项目的研究，可以慢慢产生对自己日后职业发展方向的思考。这是题海战术和死记硬背无法实现的。

一、项目式学习的依据

杜威的教育主张：教育即生活，学校即社会，做中学。儿童的发展就是原始的本能生长的过程，生长是生活的特征，所以教育就是生长。从教育的本质出发，教育的本质是让人幸福地生活，所以，教育要面向生活，并且回归生活和社会。从当前核心素养的落实和课程改革的必要性出发，为培养真正适应并有创造力的社会人奠基。从生命成长建构出发（感知—认知—体验—实践—生长），儿童眼中完整世界的建构需要在实践中完成。

二、项目式学习的内涵和目标

与传统的教学方法相比，"项目驱动"教学法能更大地激发学生的学习兴趣和求知欲望，充分调动学生的学习积极性和主动性，从而培养学生自主学习、分析问题、解决问题的能力和协作、创新、探索的精神。

（一）项目式学习的内涵

1. 驱动——欲望和兴趣；实践和体验；思维和意识

项目的驱动，能满足学生某方面的需求，激发学生的学习欲望与学习兴趣，调动学生的内部动机，关注学生的实践，能与其实际生活相融通，构建学生的认知与体验，丰富其学习感受，注重学生思维的培养，能够引起学生的思考，逐渐形成其思辨意识，在遇到问题时，能够从多维度思考，开拓潜能，有一定的创造力。

2. 生成——经验与技能；素养与情感；态度与价值

对项目的学习，最终能够使学生获得一定的经验，提高学生某方面的素养，而且这种素养契合当今时代发展的趋势，生成某种科学积极的态度，拥有自己独到的见解与观点，生成正能量的价值观、人生观和世界观。

（二）项目式学习的目标

1. 从课堂到生活

从学科本质角度，重在培养学生的实践能力和创新精神，学以致用。

2. 从学校到社会

从育人的角度出发，基于人的成长需要，重在培养学生的生活能力和适应社会的能力，回归真实的生活。

通过对项目的学习，最终能够使学生获得一定的经验，对其生活、学习等方面有积极的指导作用，掌握一门实用的技能，具有一定的实用价值，能提高学生的素养。

三、项目式学习的内容

为了实现"项目、驱动、生成"的理念，就必须通过课内外、校内外一系列的实践研究项目让学生学会运用知识对接真实的生活和社会，从而达到学以致用的目标。我们从和学生成长密切相关的三大方面出发，完成对项目群的构建，将学校、家庭和社会三方面进行有机融合，突破课堂学科和学科整合的限制，注重生命个体的生存与生活体验，共同为学生的健康成长营造一个积极、良好的环境（见图 4-6 所示）

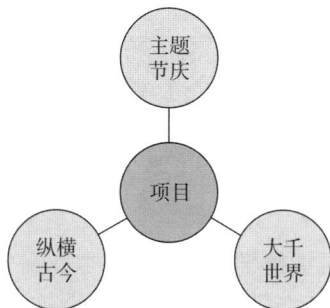

图 4-6　项目群（三大类别）

（一）项目引领下的同级不同学科学习

如图 4-7 所示，一个班级或同一年级的不同学科的教师组织的共同学习，我们称之为同级不同学科学习。这里的跨学科不仅有六大学科门类内部的跨越，更有不同学科门类之间的跨越，真实的学习注重顺应儿童的思维方式，而儿童往往习惯于整体地看待世界，当我们以现实世界的问题或情境为学习资源与内容是跨学科的，知识关联自然就会产生。

课程不仅是传授人文知识或科学知识的载体，也是学生获得生活意义和人生经验的途径，我们开展跨学科的学习，在一定程度上是从儿童认识世界和获取知识的自然过程出发去建构学习的，而非仅仅从学科的逻辑出发去进行传授，打破原来的学科框架，使学习内容之间建立紧密联系，也让学生了解不同学科之间的关系，有助于他们在综合的解决问题过程中进行知识的学习与迁移。

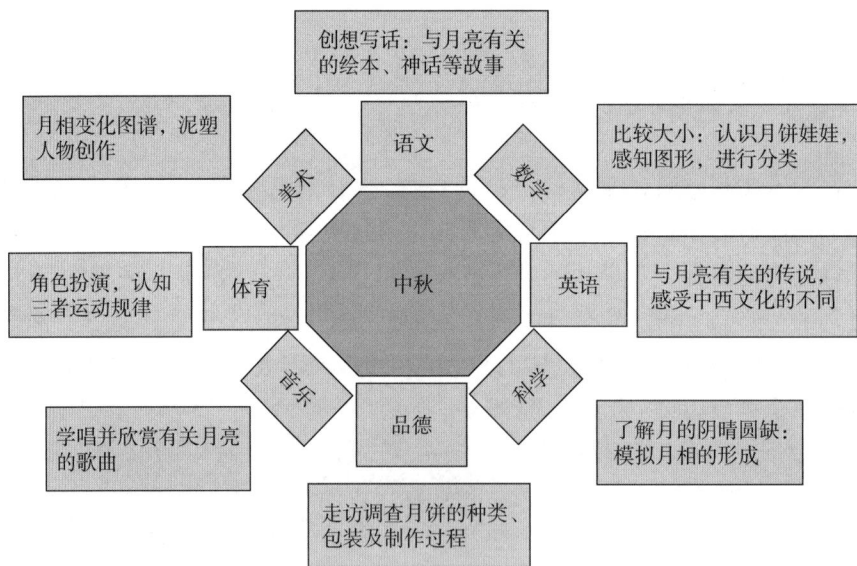

图 4-7　以主题节庆"话中秋"为主题开展的项目式学习

在跨学科的学习中，学生将他们学到的学科知识和技能与课堂之外的现实生活联系起来，从而了解学科规律，教师在课堂上的角色从讲台上的"圣人"向教室一侧的引导者转变，帮助学生自己探索学习任务，这种探索基于教师的设计，具有较强的结构性和引导性，在不同学科的教师引导下，学生通过同一主题、场景、问题开展学习，综合应用学科的基础知识和技能。从这个维度进行课程的设计与实施，在一定程度上改变了小学阶段课程设计过于强调学科本位、科目过多和缺乏整合的现状，体现了课程设计的均衡性、综合性和选择性。

（二）项目引领下不同年龄不同学科的学习

不同年龄不同学科是指不同学科的教师组织三个不同年级的班级共同开展的学习，见图 4-8"找春天"所示，这项目需要低中高段不同年级的学生共同完成学习。显然，不同年龄不同学科的课程内容有各自的特点与优势，既有学科内部的纵向联系，又有跨学科的横向联系，同时，不同年级的学生面对共同的主题或内容开展相应的学习活动，使课堂教学中常常被忽视的不同年龄互动的特殊意义得以发挥其应有的积极作用。

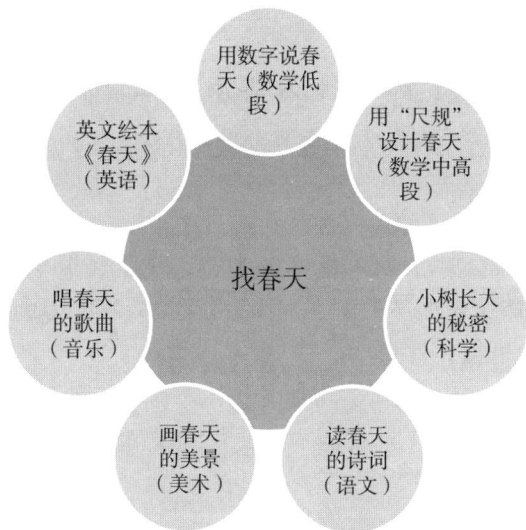

图 4-8　以大千世界之"找春天"为主题开展的项目式学习

以上两种项目式学习的设计，不同学科的不同探索，跳出了课时的限制，形成了单元学习线索或跨学科学习线索，跳出了教材的限制，形成了以真实的世界为背景的学习素材，跳出了单一的目标诉求，形成了核心素养校本化的五种关键能力的目标体系，跳出了单一的教师讲授的教与学的方式，形成了小组合作、独立思考、教师讲授、动手操作等融合起来的多元、立体的教与学的方式。它能够在一定程度上解放教师的教育力，让教师更好地进行创造性课程的设计与实施，也可以在一定程度上释放学生的学习力,促进学生深度学习的发生。

(三)问题引领下的项目式学习

以问题引领学习,是指在一定的情境下,让学生根据自己的生活经验和知识基础,提出一系列问题,运用适当的教学策略顺应学生提出的问题,使其成为学习的主要线索,成为引领学生学习的动力,在这个过程中,学生真正成为学习的主体,进行更为真实的思考,逐渐培养自己的创新精神,而不是沿着教师精心设计的一个又一个问题去进行指向性明确的被动思考。如下面的这份研究性报告就是学生针对此次的新冠疫情中发现的问题,进行的研究学习。

附:研究性报告

❀ 你为什么买不到口罩?

六年五班　吴夏洋

一、提出问题

2020 年 1 月 20 日,大众从钟南山院士口中首次得知新型冠状病毒可以人传人,戴口罩是很重要的防护措施,接着,口罩迅速成了稀缺资源,很多人为买不到口罩而苦恼!

在 38 天后的 2 月 27 日,某团队走访了公司附近的 9 家药店,其中 7 家都没有口罩。为什么口罩短缺的问题迟迟无法解决? 你什么时候才能买到口罩?

二、收集数据

针对以上问题,我们对社会、学校开展随机抽样调查。抽样中的 136个家庭中有 635 个人,复工后,需外出学习工作的人数为 430 人,约占总调查人数的 67.7%。以一人一天一只口罩计,平潭县约 46 万人口中,每日约需要 31.14 万个口罩。如以每周每户来计,平均每户每周约需要 19 个口罩,目前平潭约为 13.9 万户,每周就需要约 264.1 万个口罩,而现在平潭已经一罩难求了,我们将面临没有口罩使用的危机了。

三、分析问题

1. 我的推测

我从网上查阅到这个信息:对于这种供求关系数量级上的差距,除了紧急提高口罩产能外没有任何办法，但复工扩产也没那么简单，口罩产业链可分为上中下游。上游的原材料是石化企业从原油中提炼出的化工产品——聚丙烯，这种热塑性塑胶会再经融化、塑形成高熔酯聚丙烯纤维料，用来生产口罩。

如果在今年疫情期间，把这 88 万吨高熔纤维料全拿来做口罩，能做出 2200 亿个，哪怕全国 14 亿人一天换一个，都能用 5 个月。

2. 我的分析

但接下来，问题就会出现了。中上游厂商会把高熔聚丙烯纤维料加工成无纺布，尤其是熔喷布，在口罩中起到关键的过滤作用。然而，中国的熔喷布产量本就不高，直到今天，在国务院的防控物资对接平台上，近 1300 条需求中有一半都是要熔喷布。且根据财新的报道，仅以湖北仙桃为例，当地的熔喷布价格已从疫情前的每吨 2.2 万元暴涨到每吨 17 万元。而这就直接影响了中游的口罩制造商。他们要把无纺布、熔喷布、耳带、鼻夹组装成最终的口罩。但各种原料、运输、人工成本的上升，加之政府对口罩价格限制上涨，两头夹击下，一些口罩厂只能亏本生产。

到 2 月中旬，随着各地复工、扩产以及汽车、电子、服装等其他企业加入口罩生产，国内的口罩产能得以快速攀升，截至 2 月 25 日，日产能提升至 380%，日产量已到 7619 万只。

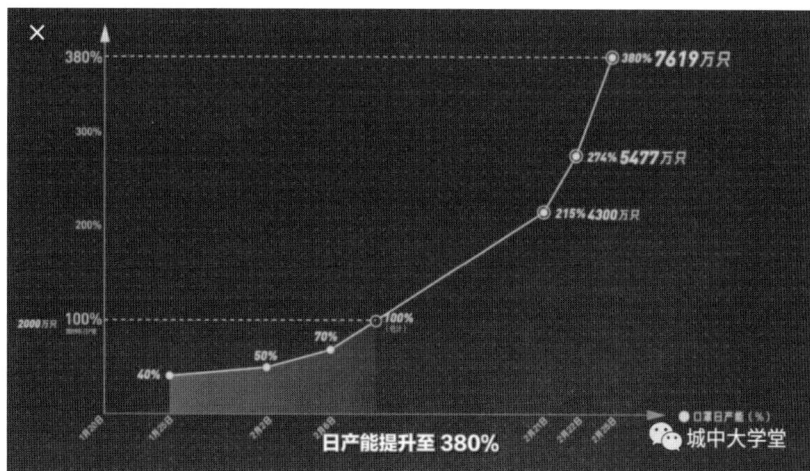

图 4-9　2020 年 2 月 25 日口罩日产量

虽然口罩产量不断提高，但下游的口罩销售商还是很难拿到货。在走访的 9 家药店中，7 家从春节后 30 多天一直断货，且仍不知道什么时候能补货，剩下两家卖的主要还是进口口罩。即便是采购能力更强的电商或者医保定点药店也只能做到预约抢购、摇号分配。因为现在的防控物资几乎都由政府统一调度，国产口罩必须优先供应给医疗和生产人员。对普通人来说，买进口口罩反而更容易。

尽管目前官方还未公布数据，但粗略估计到 2 月 29 日，中国自产加进口的口罩能有每天 2 亿只左右，勉强满足第二产业、交通运输业和医疗人员的需求。不过，随着复工人数的增加，这还不够，国内口罩紧张大概率仍将持续到疫情真正得到控制之后，且如果其他国家的疫情也开始爆发，到下半年，中国的口罩可能还要支援国外。

也就是说，2020 年，中国将同时成为人类历史上最大的口罩生产国、消费国、进口国和出口国，只不过，这或许并不是什么值得骄傲的事情。

3. 我的建议

因此在严峻的疫情之下，口罩成了稀缺资源，此刻我在此倡议大家少出门，不要滥用口罩。

——2020 年 3 月 1 日

我们倡导真实的学习，就是强调知行合一，强调学用一致。学是为了用，用也是发起学的驱动力，对于这样的学习过程来说，无论是跨学科的学习，还是单一学科的学习，学习的内容都不只限于教材，而是来自现实世界；无论是项目式学习还是课本学习，无论是教师讲授，还是学生自主完成，学习的"附加值"都能实现最大化。项目式学习有效地调动了学生学习的积极性和主动性，内容贴近学生生活，从学生熟悉的生活实际出发很容易引出学生自己想探究的问题，极大地激发学生参与实践的愿望。尽管学生在活动中不是想研究什么就可以研究什么，想怎么研究就可以怎样研究，但比起传统的单个学科课程来讲，项目式学习没有规定的必学内容，它的设计和实施是基于学生的兴趣和直接经验，学生在这个课程里有更多选择的机会和权利，他们总能找到自己感兴趣而又能研究的问题。在老师的指导下去研究去探索，这样就极大地调动了他们参与活动的积极性和主动性。

同时项目式学习切实转变了学生的学习方式。(1)学生在动手实践的过程中通过上网、看书、询问、走访等多种方法解决自己提出的问题，同时又善于发现新的问题尝试解决，在不知不觉中培养了学生探究的愿望和解决问题的能力。孩子们在活动过程中难免会遇到困难，要引导孩子们在解决问题的过程中学会善于观察、多看、多记、多问。(2)展示活动中学生想方设法用自己最喜欢的方式将自己的实践活动的结果展示出来,既锻炼了自己的胆量,培养了自信心,又学习了如何用多种方式表达自己的收获,锻炼了口语交际、歌唱等综合能力。整个活动过程中教师不仅要提前做好各方面的准备,更要做有心人,及时巧妙地进行引导与指导,要善于发现学生的闪光点,及时鼓励发现不足,及时引导。这对每位教师来说都是极大的挑战和提高。

第四节　研学旅行,世界是本教科书

要么读书,要么旅行。身体和心灵总有一个要在路上,让孩子们走出书的世界,走进现实的世界,走进大自然的世界,行万里路,交四方友。在万千世界中,了解国情、开阔眼界、增长知识,让课本上的知识"鲜活"了,让历史上的人物走下了"神坛",变得可以触摸,可以感觉。研学,让孩子在快乐中研究学习,这将是孩子少年岁月中,最美好的记忆。

一、研学总动员

※ 清凉一夏,开启奇妙的研学之旅

春天播种,记录每颗种子成长的花期;
夏日清风,奔看蓝眼泪聚集沙滩的壮景;
秋高气爽,细数金灿灿的麦穗甜蜜的喜悦;
冬日暖阳,笑问是谁偷走了春姑娘的绿衣裳?

亲爱的孩子,庄子曰:"天地有大美而不言,四时有明法而不议,万物有成理而不说。"大自然是本奇妙的教科书,她召唤我们去观察、去丈量、去探寻。

亲爱的孩子,古人云:"读万卷书,行万里路。"读书是精神的旅行,旅行是身体的阅读,在书籍里,你可以打破时间和空间的限制,纵横古今,周游

图 4-10　研学活动动员大会

世界，领略文化，习得学识，与智慧同行，正所谓"腹有诗书气自华。"所以，我们学校推出"阅读伴我成长"系列活动，希望大家每日坚持。

然而读书，毕竟不是亲历亲见，少了身临其境的验证，总有"闭门造车之遗缺"，百闻不如一见，那个大美的天地，大千世界的故事需要我们去一点一滴地阅读。大诗人李白一生游历 206 个县州，登上了八十多座山，游览过六十多条江河川溪和二十多个湖潭……他的许多流芳千古的佳作都是在游历旅途中完成的。所以，我们要利用假日，带上目标，带上思考，开启我们奇妙的研学旅行，让课本上的知识"鲜活"了，让历史上的人物变得可以触摸，可以感觉。让大自然和大世界的林林总总都成为我们学习的课程。

亲爱的孩子，我们的祖国幅员辽阔，山河壮丽。北疆辽阔，南国旖旎，东部璀璨，西域奇丽，中原底蕴丰厚，文化悠远。在研学旅行中，我们既可以领略大美河山的神奇，体会五千年文化源远流长的历史；了解中华腾飞的日新月异，航天科技的瞩目成就，互联网工程的高速发展；感受泱泱大国崛起的中国自信。同时又能让我们学会动手体验、动脑思考；学会提问与解决、分析与创新；学会自护与协作、自主与坚毅；学会在崭新的大时代中习得弄潮儿的本领。因为，一个人的生活广度决定他的优秀程度，见识决定了眼界，眼界决定了未来！

就拿我们美丽的家乡来说，沿着习主席来平潭21次的红色之旅，感受领袖的家国情怀；到北港与台湾的朋友听石头唱歌，体验两岸一脉相承的语族文化，探寻石头歌与石头厝后面的课程研究……在这里，我们可以观海天一色的绮丽，探渔耕文化的渊源，品金橙挂枝的喜悦，展未来科技的神奇，去海岛研究中心聆听博士们诉说海岛的形成，到动物检疫所看世界物种大观。金井湾有壮观的物流园，澳前港那运载两岸同胞往来的大客轮，苏澳宏伟的公铁两用大桥……我们家乡的开发正如火如荼地进行。亲爱的孩子，此时有没有觉得心潮澎湃呢？而这些历经历史和时代变迁的，如果不身临其境，不用心去感受，不用手去触摸，不闻一闻古朴或现代的味道，不静心聆听他们的历史，是永远也无法领略其中的精髓和美妙的。所以，请记住，行走的过程，也是研究历史、欣赏自然、学习常识、探究文脉、展望未来的奇妙课程。

最后，校长要嘱咐大家的是，研学虽然是门动人的课程，但是它需要有专业的引领和安全的线路来陪伴，要用团队合作的精神来探究。

（1）要有家长或导师的引领陪伴。

（2）确定研学的主题，设计好研学线路，做好安全预案。

（3）带上研学手册，开始研学课程，将"行、观、思、汇"进行融合。

（4）记录研学过程的点滴、花絮，准备展示交流，做好研学评价。

亲爱的孩子，校长希望大家明白，世界是本最大最厚的教科书，时时刻刻、事事物物都值得你观察学习、探究思考的。愿你们一路研学，一路成长，养成随处皆学问，信手拈文章的习惯，早日能达到"读万卷书，行万里路，交四方友，写千篇文"的境界。

——写于2019年7月暑期研学动员会上

二、构建校本研学课程体系

习近平总书记系列重要讲话精神，要求秉承"创新、协调、绿色、开放、共享"的发展理念，落实立德树人根本任务，帮助中小学生了解国情、热爱祖国、开阔眼界、增长知识，着力提高他们的社会责任感、创新精神和实践能力。研学活动，是学校教育和校外教育衔接的创新形式，是教育教学的重要内容，是综合实践育人的有效途径。通过几年的探索，我们促进了研学旅行和校本课程的有机融合，具化了研学旅行课程目标，积累了有效的实施策略，形成了将研学旅行纳入本校教育教学计划，与综合实践活动课程统筹考虑的校本化实施路径（见表 4-2 所示）。

表 4-2　学生研学活动分类表

项目	活动内容	活动宗旨
活动学程	走出岚岛，到全国各地参学	开拓视野，增长见识，培养文明研学习惯
文旅学程	了解全国各地传统文化和图书馆文化	了解各地市标志性建筑，增长见识，开拓视野
时事学程	关注国内外时事	培养观察整理收集信息能力，树立胸怀天下的志向，培养爱国精神

（一）观察即学程

世界是本最大最厚的教科书，时时刻刻，事事物物都值得观察学习、探究思考的。一路研学，一路成长，养成随处皆学问、信手拈文章的习惯，早日能达到"读万卷书，行万里路，交四方友，写千篇文"的境界。世界再大，从亲近家乡、观察家乡开始（见表 4-3 所示）。

表 4-3　各年级研学安排表

年级	项目	地点	活动宗旨
一年级	绿色生态	雕塑园——迷人的海边公园	学生通过采访、实践等途径搜集每个作品的创作设想，感受家乡海边的美
二年级	红色生态	将军山——老将军张万年的传奇故事	了解老将军的故事，从小培养爱家乡爱祖国精神，亲近自然，陶冶情操
三年级	黑色科技	参观平潭国际海洋旅游博物馆	开展爱家乡，爱海洋文化活动，增强学生的海洋环境保护意识
四年级	古色古韵	北港——"石头厝"的民俗文化	引导学生观察生活，以敏锐的触角去感知生活、体验生活，感受身边古建筑文化、传统文化的美
五年级	蓝色考古	国际南岛语族博览馆（研究基地）	了解南岛语族情况，帮助学生形成"岚岛人"的积极体验，培养学生作为"岚岛人"的荣誉感和责任感
六年级	探索自然奥秘	海岛研究中心——了解海洋文化；海西动物隔检中心——世界珍稀物种科普展览馆	开展爱家乡、爱海洋文化活动，增强学生的海洋环境保护意识

2014年11月1日，习总书记第21次上岛视察，亲自擘画"一岛两窗三区"战略蓝图。一岛即国际旅游岛；两窗即闽台合作的窗口、国家对外开放的窗口；三区即新兴产业区、高端服务区、宜居生活区，为平潭开放开发指明前进方向、提供根本遵循。作为平潭的基础教育人，应着力于地缘优势，开发相应的研学课程。《诵读经典 话叙亲情》2019两岸亲子国学研学营在我们学校顺利举行，获得圆满成功，孩子们在与台湾小朋友的诵读交流中，同台演出、互换礼物等活动中观察与感受海峡两岸同根、同源的文化根基，树立参与实现"一岛两窗三区"战略蓝图建设的主人翁责任感与自豪感（见图4-11所示）。

图4-11 与台湾宜兰竹林小学举行两岸教育交流活动

（二）文旅即学程

在国外和国内许多地方，公共图书馆就是当地的文化标志性建筑，更是文化旅游的好去处。高品位、高质量的潜心阅读对人们生活、工作具有极大的促进作用。为此，学校做了三个规划：

（1）与区图书馆成立阅读基地，每人得到区图书馆的一张终生免费借阅卡（见图4-12所示），借书情况在平台上自动统计，每个月公布一次，激励师生阅读热情。

（2）与社区合作，在校园设立24小时城市图书馆。向家长、社区注入阅读营养文化元素，营造良好的亲子阅读、全民阅读元素。每逢春秋季节，

图 4-12   与区图书馆共建阅读基地

开展户外亲子阅读分享会；每逢"五一""国庆"假期，开展"图书互换""以旧换新跳蚤书市"等活动（见图 4-13 所示），这些活动"有看的，有玩的，有买的"，有效促进文化休闲、研学旅游一体化。

图 4-13   一年一度图书淘淘乐活动

（3）学生参与校园图书馆建设与规划。要求学生对学校图书馆做全面了解、介绍；对学校校长及教师采访，了解学校的过去、现在、未来；对学校发展提出合理化建议，参与学校发展设计；对学校的图书馆理念进行研究，图书馆的每一个字，每一面墙壁，每一个人，每一处景都可能成为学生研究性学习的课程资源。

（三）时事即学程

2020 新年伊始，一场新型冠状病毒疫情蔓延，威胁着中国人民的生命健康。全国上下，万众一心，众志成城，共同打响了"战疫"！这个时事，这个与疫情的战斗，是人类共同面对的课题，更是全体学生要面对的一堂课。从"停课不停学"到生命教育，从家国情怀到致敬英雄，从在线教育到独立自主，学校做出了许多尝试与探索。

1 月 21 日，学校利用微信公众号及时推送文章《新型冠状病毒来袭，如何预防？》《写给孩子的新型冠状病毒绘本》，切切实实教会学生预防新型冠状肺炎的知识。1 月 28 日，学校利用微信公众号发布文章《"加长版"的寒假里，城中小学邀您共同守护健康，陪伴学习》，要求学生保护自己，守护健康，认识重要标志。

2 月 10 日，学校发布《停课不停学》公告。各年级主任、备课组长制定研发了适合学段特点的疫情课程，包括晨读、阅读、小课题研究、体育活动、眼保健操、每日自省等多项内容，学生根据自己喜好将其分解为一步一步的小任务，制定自己的作息时间规划表。最后根据自己设定的学习任务规划表，学生可制定相应的自我评价表，内容可包括是否按时完成学习任务、是否是主动完成、自己收获大小等。学生在学习过程中遇到问题，可随时与相应学科教师进行沟通。

2 月 12 日，由学校发送以下文章，由学生诵读后，选送优秀诵读作品发布在学校微信公众号，供全体学生借鉴，在阅读中感受支援武汉的医务工作者的大爱与勇气。2 月 16 日，城中教师通过微信公众号集体诵读：敬畏自然，善待自然——城中教师为您诵读《大自然在说话》。

三、研学变革传统的学习方式

研学旅行的开设将在一定程度上改变传统教学惯习与中小学生学习方式陋习，促进育人方式变革。

（一）研学旅行转向整体性学习

当下的学校教学活动还是以分科教学为主，选用相应教材，根据教材内容开展教学。在教学活动中，教师按照学科单元进行文本知识的解析，让学习者通过想象，运用所学的学科单元知识，对相关问题进行分析与解答，在一定层面上降低学习者综合运用知识解决问题的能力。由于学科教学是以文本知识解读为主，所学的知识是通过文字符号的意义解读，学生凭借逻辑推理思考、理解与掌握，学习的知识与现实生活缺少真实性联系，书本的知识与现实的生活时常是不一致的，这在一定程度上影响了学习者的生存能力和生活能力的提升。

在研学旅行学习的过程中，研学旅行对象是一个完整的单元，涉及的内容不是单一的学科知识，而是利用活态文化进行育人，内容涉及所有学科知识，包括自然学科知识、社会学科知识和人文学科知识。研学旅行活动能将学校学习的文本知识在具体的社会实践中加以综合运用与印证，从而强化对文本知识的理解与掌握，真正变成学习者自觉的知识。参与者将进行全面的观察、了解，掌握研学与旅行对象各方面的意义与关联，从而改变传统学校教育的分科文本分析与复制式的学习方式，开展整体性学习。"我们所要求的是使儿童带着整个的身体和整个的心智来到学校，又带着更圆满发展的心智和甚至更健康的身体离开学校。"

（二）研学旅行转向体验性学习

研学旅行改变文本式学习，让学习者进入具体的情境，在场体验，开展体验性学习。有效的学习过程是学习者身处学习情境中，借助身体的感观进行感知感悟，完全投入实际体验活动中，在真实的环境中通过亲身的体验获取经验。没有实际参与到具体的情境中，就无法获得真实的感受，也难以形成相应的认识，学习过程将无法完成。"认知是具身的，这意味着它产生自身与世界的交互作用……认知依赖于各种各样的体验，这些体验源于具有特定知觉和运动能力的身体，其中知觉和运动能力是不可分离的。"

在研学旅行中，学习者以身处活态的文化时空中，体验活态文化生活丰富多彩，感悟活态文化特别是民族传统文化的价值和意义等，提升民族文化自信心，增强自主发展的内发性动力。在融入地方性知识学习过程中或生活常识等相关内容学习的过程中，不断习得地方性知识、生活常识等，以更好融入社会生活之中，快乐地生活与成长。

（三）研学旅行转向合作性学习

　　研学旅行活动以集体团队的形式，有着共同的目标，通过合作和协作完成研学旅行任务。因此，在研学旅行过程中，团队成员需要相互合作，相互帮助，开展合作学习。从某种层面上看，研学旅行的开展有利于变文本式学习的个体化学习方式为合作性学习。为了研学旅行的共同目标，必须相互帮助与交流；每一位参与者在活动进行时既要考虑自身的感受，也要考虑团队其他成员的感受，在张扬个性的同时要融入团队之中，保持团队关系的和谐，形成研学旅行共同体。参与者在活动中相互启发、互爱互助、互教互学、惺惺相惜，从而提升参与者的合作精神和能力。

　　研学旅行成员可以跨越班级组合，甚至校际联合开展，组合成一个异质研学旅行团队，参与者的学习水平、学习风格和个性、知识面不同。因而，在研学旅行活动中，参与者能够取长补短，对观察到的事物产生多种解释，开展交互性思维，从而激发思考，形成多种认识和观念，在争鸣中加深对学习知识的理解和提高认识的正确率，生成新的认识与观念，进而不断探究，不断生成知识，不断发展。在研学与旅行进程中，时常会发现新奇事物，参与者将获得真切体验和探究发现或问题解决的过程，从而提升探究能力；在交互合作的过程中，参与者不断建构自我，不断提升合作精神和创新能力（如图 4-14 所示）

图 4-14　五年级学生北京研学旅行活动

（四）研学旅行转向探究式学习

研学旅行主要是从现实生活中选择和确立研学旅行主题，参与者通过走进自然，融入社会生活发现问题，开展观察、调查、体验、表达与交流等探索活动，以获得知识，发展情感与态度，形成认知和技能，身心得到和谐发展。因此，研学旅行将改变文本式教育情境缺失的问题，让参与者进入具体的情境中，自主地发现问题，进行观察与探究，开展探究式学习。通过在具体学习活动中的探究，学生能理解科学探究的艰难，体会科学家在科学研究中可能遇到的各种问题，体验到科学研究尝试解决问题的艰辛，从而养成敬畏科学、敬畏真理以及追求真理的科学态度和精神。"教育应该以研究开始，并以研究告终。"在研学旅行活动中，通过集体旅行、集中食宿方式开展的研究性学习，借助旅行，让每一位参与者进入具体的情境中，积极主动地观察与思考，及时发现问题，并及时处理遇到的问题，从而提升实践能力和探究能力。

（五）研学旅行转向开放性学习

研学旅行能够改变文本式教育的封闭性，伴随着研学旅行的进程进行开放性学习。学习的过程是一个不断探索与发现的过程，不是按照既定的规则、框架和预先设定的目标、线路发展的，而是在具体的活动和情境中随着学习者的思维变化与发展，伴随着学习者的理解与发现，通过自主建构，逐步实现自我发展。"学习能力由许多问题和若干回答组成，由个人的探寻和制度化实施的发现组成，由批评和质疑而不是对既有社会的顺从组成。"学习的过程是持续探索与发展的过程，通过学知识、增学识、长见识等，逐步提升发展核心素养。

在研学旅行活动中，参与者通过接触活态文化，能够及时了解民族优良的传统文化和民族美德以及精美的自然历史文化，从而增强民族的自信心和自豪感，形成正确、乐观的生活态度，丰富个人的情感，不断地建构自我。"教学最好是从实地实物的观察入手，这就要把乡土和学校周围的事情补充到一般的教科书里去。"此外，研学旅行的方案与线路是由学生自主制定的，教育者仅从安全、教育的角度把控。因此，对于参与研学旅行的学生来说，研学旅行的进程是开放性的，并根据参与者的能力逐步扩展与生成。参与者在研学旅行的过程中，能够从现实生活世界的情境中收集解决问题的第一手资料，并随着认识的不断深化，体验不断丰富，认知、行为、情感等在亲历和体验过程中不断生成、生长，养成科学探究的意识和精神，积极地思考自己的生活方式。在开放性学习过程中，参与者学会做人、学会生存与生活，身心获得和谐发展。

我们把世界当作一本教材，让孩子行走在大自然的各个角落，开阔眼界，加深对多元文化的理解，打通学校与社会的教育界限，给学生提供更为广泛的学习场所和场景，促进孩子健康成长，为孩子的未来创造更多的无限可能！

但是，研学旅行的意义，并不是告诉别人"这里我们来过"。它是路和书的融合。关于读书，钱锺书先生说过这样一句有意思的话：如果不读书，行万里路，也只是个邮差。我们觉得，读万卷书，行万里路，"读"是"行"的基础，"行"是"读"的升华。阅读是心灵的旅行，旅行是身体的阅读，阅读虽然改变不了我们人生的长度，但可以改变人生的宽度和厚度。阅读可以让我们视通四海，思接千古，与智者交谈，与伟人对话，这是一件多么美好的事啊。所以我们要打造像呼吸一样自然的阅读氛围，大力提倡阅读，就是想让孩子们打破时间和空间的限制。在书中领略山海奇观、秦风汉韵、魏晋风流、盛唐气象。把旅游与阅读紧密结合起来，把书中学到的知识，在旅行中践行，才能做到"知行合一"。来一场身心惧美的旅行！

第五章

阅读，像呼吸一样自然

我们是儿童阅读的领读者。这不需要任何人赋予和颁发，不需要证书。儿童是成年人诞生出来的，我们是成年人，所以领读他们便是天理。因为我们不希望他们成长得歪斜，不愿意他们活得邋遢和猥琐，我们看见他们行驶的方向是朝着太阳的，脚下总有金黄的斑驳，我们便为国家和世界的安宁放心了。我们欣赏着他们的情怀和创造力，他们的斯文和优雅，我们的生命天空便和宇宙的大天空一同蔚蓝。我们愿意认为人类生命的进化历史是一直渴望这样的蔚蓝喜悦的，所以我们就越发看见人类生活里充满教育，充满训练，充满成绩报告单，充满图书馆，充满书架上的厚厚薄薄、整整齐齐，也充满今天这样的神圣场面。

——梅子涵

在金麦田学程中，开放性阅读使得整个学程变得丰富多彩。

第一节　阅读是多么美好

所有的好学校，都是重视阅读的学校；所有的好教育，都是重视阅读的教育。城中小学语文教学团队在通往书香的道路上，正在做一件美丽的事情。阅读行走的路是艰辛的，但会给予世人诗一样的人生。与书遇见，就是遇见志同道合的人，亦是遇见美好、遇见浪漫的情怀。阅读是我们获得美好幸福生活的重要途径，带领孩子们品读经典、体悟经典、分享经典，以阅读滋养人生，让浓郁的书香气息弥漫我们美丽的校园，让读书生活伴随我们成长的每个脚步，更加自信、充实地走向美好，走向未来。相信不久的将来我们也能拥有振动阅读翅膀的力量，拥有追寻阅读教育的勇气。我们始终相信，每一个生命都是一粒神奇的种子，蕴藏着不为人知的神秘，而阅读，则能够给种子以美好滋养，并唤醒其所蕴藏的伟大和神奇。茫茫宇宙，匆匆人生，"我们是谁?""我们从哪里来?""我们到哪里去?"——对自己生命的追问，需要我们通过阅读徜徉于人类精神文明的长廊，在触摸历史的同时憧憬未来，在叩问心灵的同时感悟世界。

为此，我们呼吁把阅读作为国家战略;我们强调阅读中蕴含的民族文化的根本精神;我们重视阅读仪式对生命的唤醒;我们推动阅读成为教育教学的根本举措;我们坚持把最美好的童书给最美丽的童年;我们践行用快乐的阅读经历让学生爱上阅读;我们努力让主动阅读的习惯伴随学生的一生;我们致力把学生对知识的渴求变成进取的行动;我们鼓励父母与教师成为孩子的阅读榜样与伙伴;我们把阅读推广做成教育公益慈善的基本模式。

图 5-1　在适宜的年龄拥抱适宜的经典

阅读一本好书，就是点亮一盏心灯。我们就是点燃孩子心灯的人。让我们点亮更多心灯，照亮我们的孩子，照亮我们的世界! 让阅读成为孩子生命成长的一部分，腹有诗书气自华，笔落蓓蕾自芬芳;让阅读像大树一样生长，书中流连细品，眼前草长莺飞;让阅读像星星一样明亮，心中清朗，眼中有光芒!

第二节 儿童视角下的开放性阅读

一、儿童视角下的开放性阅读环境创设

2018年6月，在福建省教科所的指导下，我们开展了"基于儿童视角下的小学语文开放性阅读环境创设的实践研究"课题研究，启动实施以来，全体课题组成员立足儿童立场，潜心研究，在创设开放性阅读环境，形成海量阅读的同时，也更加注重广度阅读、深度阅读，让阅读的多个维度在每个学子心头落下，生根、开花，并取得了一定的成效。下面就结合课题组的实践研究，做以下总结报告：

图5-2 省级课题开题活动

(一)"开放性阅读教学环境创设"概念

1. 对"开放性阅读教学环境创设"的界定

小学语文开放性阅读教学是一种新的教育理念,也是一种新的阅读教学形式,是针对传统阅读教学"课堂中心、书本中心、教师中心"的封闭性弊端提出的,它指的是小学语文阅读教学在大语文教学观、大课程观的指导下,打破单一的、封闭的教学模式的束缚,让学生置于一种动态、自由、广阔、多元的阅读环境中,让现代生活大系统和学生生活经验小系统相贯通,力求把教学建立在相互联系的两个系统上促进学生主动发展,本身具有现代性、社会性、主体性和全程性的特点。课题中的"开放性阅读教学环境创设"包括两个方面,一个是大阅读环境的创设,它突破了狭义的小学语文课本中的"课文"教学,通过课内外阅读优化整合,实现阅读教学观念、教学内容、教学时空、教学方法、教学手段等方面的开放。另一个是指小环境的创设,就是儿童阅读时的小环境的开放。

2. 对"儿童视角"的界定

鲁迅先生在《我们现在怎样做父亲》这篇文章里讲到"本位应在幼者",他提出了"儿童本位"这个观念,同时向我们阐明了教育的真谛:教育是为了儿童,教育应从儿童出发,儿童的视角就是教师的教学立场。

儿童视角,即回归儿童本位,强调教育必须以儿童的天性和需求出发,以"儿童的大脑"思考问题,用"儿童的视角"观察世界,用"儿童的情感"体验人生,关注儿童的已知,关注儿童的生活经验,进而关注儿童的发展。它要求教育者要走进儿童,研究儿童,选择适合儿童的学习方式,探索和设计有效教学策略和方法,让课堂充满童趣,荡漾童心,丰盈儿童心灵,促进儿童由好学转化到乐学的理想教育境界。

(二)"开放性阅读教学环境创设"研究的意义

面对经济全球化和知识经济时代的挑战,在全球都在呼唤"让学生学会学习",在教育部从幼升小到高考的全面改革,在全国小学语文部编版教学的全面铺开的当今时代,语文阅读教学的这种封闭状态再也不能继续下去,开放性的学习必然要进入我们的视野,运用到语文阅读教学中。而小学语文教学面对的群体是启蒙时期的儿童,所教授的内容主要以儿童语文为主。但是,当前的语文教学多是以知识为教学设计核心进行的,忽视儿童的身心发展特点,教学偏离科学化。因此,基于儿童视角的新课程改革理念下,教师改变传统的阅读教学模式势在必行。因此进行"基于儿童视角下的小学语文开放性阅读环境创设的实践研究"有着很大的研究价值和意义。而很多国家对阅读的重视及研究经验值得我们学习借鉴,因此也更加强了我们对这项课题研究的信心。

(三)"开放性阅读教学环境创设"研究现状

1. 国际研究领域现状

当今社会十分注重书籍和阅读,许多国家把积极提倡阅读风气,提升阅读能力列为教育改革的重点:美国政府大力提倡"国家工程"助阅读,从"美国阅读挑战运动",到"阅读优生方案",再到"阅读,阅读,再阅读"计划,无不强调为儿童铺设一条经由阅读而成功学习的道路;英国教育部发出号召,要把阅读进行到底,打造一个举国皆是读书人的国度;日本政府颁布儿童阅读活动,颁布《儿童阅读推进法》,重视语文教育的"读书指导";新西兰教育学家候德威等早在 20 世纪 60 年代就对阅读过程进行了系统分析,提出"分享阅读"的理念。许多国家对阅读教学展开了积极的研究,大多都以讨论式的阅读为主,并构建了颇具影响的阅读教学模式,如德国莱茵的五段教学模式:"预习,复习旧课—提示—比较—概括—应用",这些教学模式都对提高学生的"整体感知,具体理解,欣赏评价"的阅读技能具有重要的实践价值。

2. 国内研究领域现状

在国内,为了改变阅读教学中存在的种种弊端,针对封闭性阅读教学中"课堂中心、书本中心、教师中心"的缺点,人们从阅读的各个角度进行了广泛的研究。《义务教育语文课程标准(2011 年版)》(以下简称《标准》)中关于阅读的目标要求最为丰富,各阶段达 10 项之多。《标准》中提出要正确把握语文教育的特点,努力开发语文教育的资源,"培养学生广泛的阅读兴趣,扩大阅读面,增加阅读量,提倡少做题,多读书,好读书,读好书,读整本的书。"我们的教育工作者都在努力构建阅读教学的新模式,努力在学科间融合、课内外结合、校内外沟通的课程形式上进行积极探究。例如特级教师李吉林开发的主题性大单元情境课程,使原本有限的课程在广度、深度上得到了进一步扩展。但是,在具体的研究实践中,尚未从阅读教材资源的开发、阅读评价方式的改革方面去深入、系统地触及阅读教学改革最本质的问题。尤其伴随着教育部从幼升小到高考的全面改革,对阅读教学提出了前所未有的要求。开放性阅读课堂教学环境创设必将成为课改后的教学主旋律。

3. 研究的目标

我们课题的研究目标和内容:

(1)本课题力求通过基于儿童视角的阅读教学环境创设的实践研究,促进教师更好地把握语文教育特点,构建多边多项交往互动的开放性阅读课堂教学模式,促进学生学习方式转变。

(2)积极吸收国内外小学阅读教学的研究成果,更新对阅读教学认识的理论与理念,力求站在儿童的立场上,用儿童适配的、喜欢的教学策略进行课内外阅读教学和实践,从而激发学生阅读兴趣,引发阅读期待,培养学生独立阅读的能力。

(3)从本校学生实际阅读情况出发,在正确把握阅读教学的目标定位的基础上,让我们的阅读教学从课堂走向课外,从封闭走向开放,从单纯说教到自主感悟,全面提高学生的语文素养。

4. 研究的内容

(1)以课内阅读教研教改为阵地,构建基于儿童视角下的对话式的小学语文阅读课堂教学。

(2)以课外阅读指导课为平台,激发学生阅读兴趣,培养独立阅读的能力。

(3)以个性化的语文活动与语文社团活动为驿站,丰满阅读羽翼,提升学生语文素养。

二、儿童视角的开放性阅读环境空间和时间的提升

(一)阅读空间覆盖化

1. 联合区图书馆,共建书香社区

平潭图书馆很重视青少年阅读推广,特别是面对少年儿童,专门设置少儿阅览室,馆藏资源丰富、更新快,符合少儿喜欢新鲜感的特点,有利于提高他们的阅读兴趣,是取之不尽用之不竭的知识宝库,馆内有着优雅、宽敞的环境,浓厚的学习风气,营造了一种强烈的文化氛围,是除学校以外的一个好的学习场所。学校利用区图书馆就在学校附近的地理位置,借阅、开展活动非常方便的特点,与图书馆开展"我们手拉手——平潭图书馆与城中小学阅读共建"活动,图书馆给全校两千多名师生每人赠送一张"诚信

借阅证"，终生免费借阅，并与图书馆联合举办多种阅读活动，学生均能积极参与到各类型的阅读活动中。

图 5-3　读者在城市书房阅读

2. 学校引领，打造书香校园

美国阅读研究专家吉姆·崔利斯说："如果您身为一校之长，能给予孩子的除了良师、书籍与教室之外，还有什么比创造出爱读书的校园环境更让人倍感自豪的？"学校是学生学习的主阵地，学习知识、获得方法、养成人格无一不受学校环境的影响。营造轻松、高雅的课外阅读环境，是激发学生热爱阅读、走近书籍的第一步，是校园环境建设的重要组成部分，也是创建校园文化的重要途径。首先，要为学生营造浓厚的阅读氛围，创设校园阅读文化环境，实现阅读"硬"环境的建设。学校充分利用校园的每一个空间，如教学楼道走廊、楼梯间、操场外墙等一切可利用的空间，设置有关读书方面的名言书画等文化标志牌，如"书籍是人类进步的阶梯——高尔基""读书有三到，谓心到、眼到、口到——朱熹"等，借古今中外文化巨人之口，教授学生读书的意义和方法。同时，在各个教学楼层的空余位置设立别致的读书吧，根据不同学段摆上不同的书籍，让学生的阅读触手可及，时时被书香气息所包围、熏陶，借助环境育人的力量，让学生在潜移默化中"泡"在书中，学校建造三层"城市书房"，优美、雅致的读书环境成为学生课间最喜欢去的地方，成为他们阅读的乐园。

图 5-4 平潭城中小学学生在城市书房阅读

除此之外，学校把家长请进门，利用家长委员会、家长会普及推广读书的意义，增强家长对课外阅读的意识，邀请家长与孩子参加读书活动（见图5-5 所示），并举行亲子读书、分享活动，开展"书香家庭"评比活动，给评为"书香家庭"的家长创设分享陪伴阅读的机会，成功的陪伴阅读故事在"城中大学堂"微信公众号上发表，成为优秀案例，让家长逐渐明白读书的重要性，并积极投入到亲子阅读的活动中。

图 5-5 亲子阅读活动

3. 营造书香班级，开辟阅读新天地

全国教育专家指导中心副主任冯恩洪说："环境是一种教育力量。我们可以叫我们的学生不随地吐痰，这是一种教育，但是我们还应该创造一种环境和气氛，使学生不好意思随地吐痰。我们可以教学生勤奋学习，我们还应该创造一种氛围，使学生置身其间，不学觉得愧对老师、愧对学业。这是一种更高层次的教育。"对于课外阅读来说，这种教育就是为学生创设良好的课外阅读环境，激发学生阅读的兴趣，让阅读成为学生的一种生活习惯，切实提高学生课外阅读的有效性。班级里任何一处的布置都将对学生产生潜移默化的影响，要让学生成为热爱阅读、海量阅读的人，班级不应只是知识的灌输地，更应该是一个经典世界的熏陶场。教师应在班级设立图书角、班级图书架等，充分利用好教室的每一个角落，由班级购买和个人提供等多种形式收集藏书，让学生一走进教室就会被眼前的书籍吸引，让书籍触手可及，营造一种书香文化环境，激发学生去阅读，徜徉于书海。班级图书角或图书架的开发，既发挥了教室的文化功能，教室也成了学生博览群书的新天地。书香班级应该是学生的精神家园和展示自我的平台，学生可以在这里自由表达，展示自己的才华，抒发对生活的理解。通过展示表达，学生的心灵得以升华，增强了自信心。学生用文字、图画等形式加以记录留下阅读的痕迹，它将是学生们今后生活的积累。我们可以抓住学生这一爱好，结合读书交流活动，优化读书笔记设计，在学期之初，让每位学生准备一本精美的读书笔记，对于每周读书心得要精心设计。读书笔记内容包括六个方面：在阅读中对优美的词、句、段、篇进行摘抄，对优美的语句进行仿写并进行评析，对每周的生活进行一次感悟等。学生对这样设计读书笔记感到新奇，激发了读书的热情。学生有了浓厚的阅读兴趣，又有了阅读的方法和技巧，在班级开展的好书推荐会上，同学们分别把自己读到的好书推荐给大家并交流读书心得。这样的读书活动培养了学生对读物的选择能力，通过荐书的演讲提高了学生们的语言表达能力。

4. 争创书香家庭，让家庭成为阅读的"根"

良好的家庭阅读环境以其独特的暗示、潜移默化、耳濡目染的方式影响着孩子的成长，促使孩子养成良好的阅读习惯和阅读能力，使孩子受益终生。教师应提倡家长从家庭开始，精心营造有利于孩子阅读的良好环境（见图5-6所示）。吉姆·崔利斯建议，一个希望自己的孩子拥有阅读能力的家长，应为孩子准备以下一些东西：(1)书籍。孩子拥有自己的书，并在书上写上自己的名字。(2)书架。将它们放在可以最常被使用到的地方，

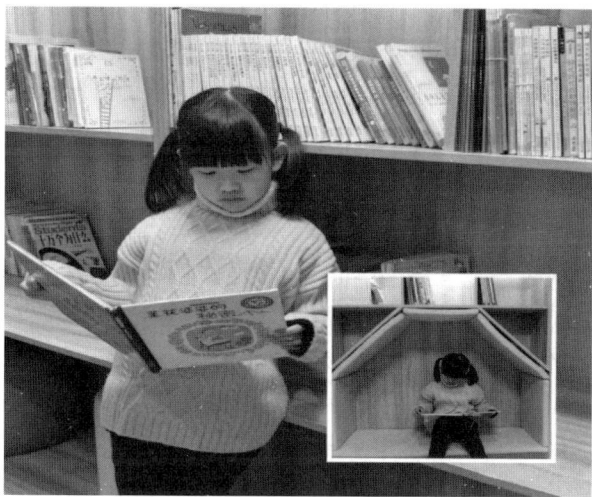

图 5-6　学生的家庭图书角

以便随时取阅。（3）床头灯。为孩子安装一个床头灯或阅读小灯,让它陪伴孩子开始愉快的阅读之旅。对于这样的家庭阅读物质环境的创设,基本上每个家庭都可以满足这些要求:只要有书,有放书的地方,读书场地不计较大小,光线充足、安静温馨即可。条件好的家庭还可以给孩子准备一间属于他自己的书房,在书柜上挂一幅读书表,让孩子知道自己读了几本书。良好的读书环境可以激发孩子的阅读兴趣和愿望,良好的阅读习惯就是这样一点一点培养成的。

（二）阅读时间常态化

学校的任务不只在教知识,所以在校所学知识有限是可以理解的。小学阶段,知识的宽度比深度更重要,不应把孩子放在井里面埋头潜下去,应该放在广阔的海洋里去浮潜,享受"哇! 哇!"惊呼连连的探索乐趣。总结一句话,在小学阶段,广泛的阅读和兴趣比学校成绩更重要,无论如何我们都要把阅读放在每天的日程里。

实际操作步骤主要分挤出时间和高效使用两部分来讲。有三个方法可以把时间挤出来,从晚上的其他活动中,像拧毛巾样拧出珍贵的时间后,就要有策略地高效运用时间来阅读。

1. 每日三读

晨诵、午读、睡前读,每周三下午二三两节的阅读指导课:学校每天都安排固定的晨诵午读的时间，早上诵读经典，由教师带着学生晨诵，注重读法的指导，进行有效阅读并以多种形式诵读，唤醒学生的情感；午读课上，语文老师们着力创造共读条件，精心选择共读书目，努力实现师生共读；养成每天睡前读书的习惯；每周三下午的阅读指导课，指导孩子们读书的方法，注重阅读积累的有效性。

2. 餐桌上的朗读者

规定晚餐时间大约有 40 分钟，剩下的时间就是"餐桌上的朗读者"，选择的书有三个标准：孩子懒得看的长文、孩子平日少接触的主题、针对孩子当下问题的书籍。孩子平常不太会主动去读的书，就由家长来读，小口小口地喂久了，孩子也不排斥，甚至引起兴趣来了！我们一边读可以一边围绕着书本进行有主题的聊天，让孩子养成提问和讨论的习惯。同时家长和孩子之间又多了层"同是书迷"的关系，更能增进感情和扩充话题。如果来不及朗读，一起听有声书也是变通的好办法，只是内容还是由家长来选。在阅读上，家长也做领航人。

3. 把"阅读时间"当奖励

孩子写完功课到睡前的时间是"奖励阅读时间"。这段时间是孩子高效完成功课挣来的，想读什么书（色情、暴力除外）都可以。让孩子照自己的兴趣选书读，这是小学生一天之内仅有的小小自由，不必再"读圣贤书""为考试而读"。希望让他们的大脑"把阅读和快乐、放松"连结，养成终身阅读的习惯。先让他们习惯于快速、大量地阅读文章，最好是能读一整本的书，其次再去细究文句和疑问处。孩子自己读完书之后，通常就问一句话"这本书的重点在讲什么？"一步一步引导抓重点简短表达，这段阅读时间就值得了。

4. 每天晚上安排半小时左右，周末安排 1 小时的阅读较为合适

当然这不是死板规定，具体根据孩子的兴趣和注意力而定。如果刚开始孩子静不下来，阅读时间为二十分钟也行，慢慢来。如果孩子的阅读兴趣和求知欲强，时间可以长一些。千万要注意的是，当孩子不想读而家长又引导不了的时候，不能勉强一定要读完一篇故事或阅读多少时间，否则会扼杀小孩子的阅读兴趣，久而久之孩子会产生逃避行为和厌恶情绪。

5. 每天阅读时间段安排要相对固定。

比如每天晚上 8:00—8:30，家长就给孩子读故事。两个月后，每到这个时间段孩子就会主动要家长读书给他听，从而形成每天阅读的习惯。切忌阅读时间不固定，就是今天陪着读，明天一忙就不给读，"三天打鱼，两天

晒网"是很难获得教育成效和形为习惯的。"不怕慢,只怕停",只要每天坚持,时日一久,孩子的知识量和求知欲就会大幅提高。这样保证孩子每天的阅读时间,长年累积,收获会很大。建议二年级学生每天要阅读 20 分钟;三四年级学生每天要阅读 30 至 40 分钟;五六年级学生每天要阅读 50 至 60 分钟。当然学生每天看书时间要根据学生的具体年龄,年龄小的学生可能坐不住,睡眠时间长,做事慢,他们看书时间不会很长。随着年龄的增长,孩子做事速度越来越快,睡眠时间逐渐缩短,自己能够自由支配的时间会越来越多、越来越长,看书时间就会逐渐增加。

第三节　学科中的开放性阅读

一、阅读内容和方式多样化

以课堂教学为突破口,摒弃以往单一的教学模式,变"封闭"为"开放",充分开发各种阅读资源包,利用课程资源,打造大容量、多角度、同主题的"1+X 主题阅读"的课堂教学模式,构建立体的、开放的、基于儿童视角的"课外阅读课内化,主题阅读课程化"的大语文教学之路。这里"1"为课内文本、"X"为课内外同主题拓展文本,沿着一个主题,由一文到群文,由群文到整本书阅读,以课型为载体,整合课内外资源,实施课堂教学的变革和创新,从而使学生阅读的量成倍增加。

（一）基于儿童视角下的 1+X 主题类篇阅读

新课程改革下,统编版教材的单元结构更加灵活,采用内容主题和语文要素双线组元,多以"阅读策略"为主线组织单元内容。教材从中年级开始每个年级编排了一次阅读策略的单元,呈现层层递进的规律,且单元主题特别明晰。基于中高年级学生具有一定的阅读能力和以上认识,在中高年级教学中,我们围绕单元主题,根据每个年段不同的阅读策略,践行基于儿童视角下的 1+X 主题类篇阅读,增加学生阅读量,提升学生语文核心素养。

1. 同一作者的文章"1＋X"开放性阅读

当学生在课本上精读过某一作家的一篇课文后，老师引导他们阅读课本外该作家的其他作品，从而体味该作家的语言风格和思想感情。如学完统编版六年级上册鲁迅的《少年闰土》，老师再指导学生用掌握的学习方法，阅读课外关于鲁迅的作品——《三味书屋》《捉虾》等，从而体味其语言风格和思想感情，激发学生的开放性思维。而在学习课本的古典诗词单元，有时进行专题作家研读，比如开展"读李白诗歌，品太白遗韵"的主题阅读活动。

2. 同一对象的文章"1＋X"开放性阅读

同一写作对象，不同的作者写作的文体、背景、情感都不一样，可以对比着阅读。如学习毛泽东的《卜算子·咏梅》，可在"反其意而用之"的启发下阅读陆游的同题词，启发学生深入思考：两首词在内容描写及思想感情表达上有什么不同？然后再让学生读王安石的《梅花》、王冕的《墨梅》、陈毅的《红梅》、羊鸣作词张士燮作曲的《红梅赞》等作品，品味其中的不同。

3. 同一写法文章的"1＋X"开放性阅读

在教学中，教师将一些写法类似的课文进行比较阅读，在增加语言积累的同时，强化学生的感性认识，在潜移默化中让学生学会这种写法。如学习《草原》一课，可带出《鸭河口水库》《故都的秋》两篇文章，同样的借景抒情，学生对此手法就有了更深入的了解，然后通过举一反三，读写联动，以读促写，进行练笔，使阅读与写作融合，提高阅读效度。

4. 同一策略文章的"1＋X"开放性阅读

部编版教材在主题单元的编排上相对更开阔、自由，选文更具文学性，更注重阅读体验和阅读方式。因此，我们在教给儿童阅读的同时，还要教会他们使用阅读策略，如预测、连结、提问、图像化、推论策略等，从而提高阅读理解能力。因此"聚焦阅读策略的1＋X主题阅读"应运而生。例如，部编版三年级上册第四单元是一个阅读策略单元：预测。这个单元选编了《总也倒不了的老屋》《胡萝卜先生的长胡子》《不会叫的狗》三篇课文。我们在执教《总也倒不了的老屋》时，教给学生预测的方法，明白预测要有依据，会根据题目、插图、故事内容里的一些线索，结合经验和常识预测故事还会如何发展，预测故事合理的结局。在学生习得阅读方法时，再运用预测方法进行拓展阅读《三头公牛与狮子》《三个和尚》《团结的鸽群》，让学生在边读边预测中，能顺着故事情节去猜想，既激发学生的阅读兴趣，也在习得阅读方法同时提高阅读量。

（二）基于儿童视角下的 1＋X 的整本书阅读

童年是最美好的时光，引领儿童阅读一本本的书，就是在他们的童年播下一粒粒最美妙的种子。在新高考改革中，"整本书阅读"自成单元，这是对当下"碎片化阅读"的一种抵御。那么如何在小学阶段创设开放性阅读环境，引导学生进行整本书阅读，在实践摸索过程中，我们从儿童的角度出发，每学期推荐不同年级的阅读篇目，形成了基于儿童视角下的 1＋X 的整本书阅读体系。同时在课内延伸课外的整本书阅读设计上，主要以学习单引路，通过导读课、推进课、交流展示课形成一个整体，形成 1＋X 的整本书阅读。这里的 1 指的是一篇文章，X 是一本完整的书，并鼓励学生阅读原著。例如中高年级的整本书阅读，教师可以通过导读课，选择若干个片段，关注所选的片段之间有关联的某个主题，呈现不同的片段，渗透阅读方法，引导学生关注细节，紧扣主题，组织学生开展"读书交流会"进行讨论。

（三）基于儿童视角下的 1＋X 的多媒介阅读

语文课标指出："语文课程应根植于现实，面向世界，面向未来。"而当今社会，新媒介高速发展，儿童文学阅读方式也发生了翻天覆地的变化。因此，我们要立足语文课程，充分利用多媒介阅读，为学生创设 1＋X 开放性的阅读环境，让学生的阅读体现出真实的精度和广度。利用网络，开发"互联网＋"阅读资源包。在"互联网＋"极速发展的今天，互联网的出现可以让学生掌握阅读自主权，赋予学生更多的自主阅读权利。因此，我们引进"月芽阅读"体系，与区图书馆牵手，充分开发利用"互联网＋"阅读资源包，将"有声阅读"作为学校阅读资源开发的重心来开展。同时还通过借助互联网中的各类听书 APP，例如利用"喜马拉雅 FM"APP，教师以示范的身份，进行书籍的品鉴，范读。学生在听书的过程中，不但可以聆听教师范读的故事，更可以聆听教师对故事的理解和感悟，对照自己阅读的体会和老师一起共读篇目，互相印证阅读感受，在丰富阅读量的同时，更调动了学生参与的积极性。学生在听书的过程中，产生了读的渴望和参与的热情，实现了学生阅读思维与阅读能力的双重提升。

二、在语文学科中习得有效的阅读方法

"授之以鱼不如授之以渔"，有了正确的读书方法才能开启智慧之门。

一个好的阅读方法，会让学生在同样的阅读时间里比别人收获更多的知识，阅读的效果事半功倍。因此，教师要经常开设一些专题阅读指导课，向学生介绍一些读书方法。教给学生正确的阅读方法，引导学生学会阅读，让学生对阅读像走路一样自如。

（一）图文结合法（先图后文法）

由于低年级孩子的年龄特点，其专注读书的时间是有限的，在看图读文的过程中，教师关注图中图，在图所配的文本出示前，要先出示图画，引导学生认真观察画中的内容，说说他们看到了什么，激发他们的阅读欲望，然后才出示文，图文紧密结合，这种方法就是图文结合法。此法适用于低段学生所阅读的图文并茂的绘本，故事情节生动的童话故事等。

（二）巧问猜读法（预测法）

绘本教学时，先让学生看封面和封底并让学生观察，"你看到了什么?"猜想这个故事，然后教师循序渐进创设情境精巧的提问，鼓励学生预测而设下的悬念，激发学生继续阅读的动力。如《大脚丫跳芭蕾》阅读课上，陈教师依据图画内涵丰富、文字简洁而意蕴深长的彩绘本特点和二年级学生有一定观察和思考的能力，还有想象力丰富的学情，创造开放性阅读氛围，放手让学生观察图画，给学生留足时间来猜读故事，在情绪色彩浓的图画让学生由图画想象人物的心理，教师设计精彩的提问，指导学生猜读，因为孩子是想象的天才，在他们的小脑袋瓜里，什么样的猜想答案都可能发生！而这个方法同样可以运用到很多题材、类型的阅读中去，不单单是低段学生，中高段学生自读时都可以用到。比如看到一个标题，想：会写些什么呢？会怎样写呢？故事情节会怎样发展呢？看完文章后，再总结，哪些是"英雄所见略同"，哪些是"出乎意料"，哪些又是"殊途同归"，通过比较就能开阔自己的思维，巩固已有的知识，所以这种方法可归纳为——巧问猜读法。

（三）夸张联想法

夸张联想法主要培养续编故事、改写故事，发展联想和想象能力。比如我们在指导学生阅读《中华神话故事》《希腊神话》时，可以抓住神话故事这个特点进行续编或者改写故事，从而培养学生的创新思维。我们把这种方法总结为"夸张联想法"。

（四）诵读积累法

要求每个学生随时准备好采蜜本，引导学生把文章中富有教育意义的警句格言、精彩生动的词句段落随时随地摘录下来，特别是古诗词或名句，并时时背诵存进自己设立的"素材库"中——诵读积累法。

（五）读书笔记法

读书笔记是指自己在阅读书籍或文章时，遇到值得记录的资料进行摘录抄写或对书的内容进行归纳，或自己的心得、体会，随时随地把它写下来的一种文体。小学生常用的有以下几种：

1. 摘录式

读书时把书报上精彩的、有意义的、富有哲理的语句，重要的片段摘抄下来，可按人物类、景物类、状物类、警句类等依原文准确无误地抄录下来。

2. 批注式

批注式指在日常读书看报的时候，遇到精彩之处或对自己有用的句子可在书中重要的地方和自己体会最深的地方，用圈、点、画等标记勾画出来，或在空白处写上批语、心得体会的读书笔记方法。"如何有效批注"这节课就是针对性教给孩子怎样做批注，教给中段学生的批注的几种方法，可以在哪些地方进行有效批注。上完了这课，学生就能很明确地知道不管是课内还是课外，我们的批注要怎么做。

3. 提纲式

在读过一本读物后，把其中的要点或基本内容提纲挈领地写下来，可以掌握读物的内容及作者的思路，从中学习表达事物的方法。

4. 心得式

在读完一本好书或一篇好的文章后，结合现实和个人经历写出对有关问题的认识及感想和体会，这种读书笔记就是读书心得，也叫读后感。这样可以提高分析事物的能力。

在读中指导学生根据阅读的需要，圈点勾画作批注、写感受，做读书笔记、制作卡片等。培养学生"不动笔墨不读书"的良好阅读习惯。学生在课外阅读中，只有根据自己阅读的需要，把它们有机地结合起来，久而久之，才能获得较多的知识和信息，养成良好的读书习惯，真正做到读有所得。

5. 浏览性泛读法

对大部分浅显易懂的书或阅读价值不高的书籍报刊，可采取浏览法，即"随便翻翻"，以大致了解其主要内容，或通过看标题、目录、内容、提要、前言、后记等，以求在有限的时间内获取更多有价值的信息。如：所有的整本书阅读时可按这样的顺序：读封面—读作者—读序言—读版本历史—读时代背景—读主要内容简介—读目录。按照这样的顺序大致翻翻，了解梗概的读书方法就是"浏览性泛读法"，也叫粗读或略读。

6. 精读三步法

品味性精读法指的就是学生深入地去阅读一篇课文，从文章重点词句细细揣摩谋篇布局，体会立意构思，较深入地理解文章的语言文字和思想情感等多个角度去解读课文，从而更全面地认知课文的方法。特别是名篇名著和其他文质兼美的优秀作品，就需要进行品味性的精读。"一读知大意，二读品细节，三读深感悟"即精读三步法。如以指导阅读《爱的教育》中《二年级的老师》一文为范例：

（1）一读知大意。让学生初读整体感知，故事中主要人物是谁？主要讲了一个什么故事？

（2）二读品细节。学生精读，画出让你感悟最深的句子，找出好词佳句，品一品精妙之处；并写一写你的感受，在旁边做上批注。

（3）三读深感悟。同学们再自由朗读小故事，说说故事带给你们的感受是什么？让你联想到了生活中的哪些人？哪些事？

7. 品读赏析法

在语文学习活动中，学生通过阅读赏析优秀作品，品味语言艺术而体验丰富情感的阅读方法。这种方法经常运用在阅读经典名著，古典诗词中。如第十一册我国著名作家鲁迅所写的《少年闰土》一课。在阅读教学中，可以让学生品读课文开头的环境描写，并体会这样描写的好处。经过品读，一个机智、勇敢、活泼的少年形象就展现在学生面前，学生对闰土的形象有了一个初步的认识，从而初步体会抓细节感悟经典名著的语言艺术美。

8. 对比阅读法

阅读不是孤立存在的，教师在指导学生阅读书籍时，可以把题材相同的文章对比阅读，可以将不同文体的文章进行对照比较或者是将不同作家相同作品的风格进行比较阅读，把启示意义相近或相反的故事进行对比阅读，让学生在阅读时进行反思，在不断地进行举一反三的过程中得到增强，以提高小学生的思辨能力，使学生能够吸收到更多的知识营养。如丰子恺所作的《白鹅》和俄国作家叶诺索夫所作的《白公鹅》。同样的描写对象，同样的题材，不同的作家，其创作风格自然也不一样。通过比较阅读，学生发现，在丰子恺的笔下，白鹅俨然是一位高傲而固执、忠实又可爱的朋友，文章语言幽默风趣，运用了对比的手法，看似贬，实则褒，表达了作者对鹅的喜爱之情。而《白公鹅》一文则是通过鹅的姿态、叫声、步态、吃相、玩相等表达了作者对鹅的喜爱之情。通过比较阅读，使学生不再囿于固定的阅读思维模式，从而提升阅读品质。

总之，在小学语文教学中，许多文质兼美的文章，需要我们深入解读文本，挖掘其本质特征。用好"范例"，妙用比较阅读的方法，使学生对不同体裁、不同文章的理解感悟更加深刻，从而真正提升学生的阅读品质。

第四节　整本书阅读教学的思与行

童年是最美好的岁月，童书是最美妙的种子。引领儿童共读一本本书，就是在他们的童年播下一粒粒最美妙的种子，那是文化的种子、语言的种子、审美的种子、思想的种子…这些种子里有强烈的信仰，我们相信，会有奇迹的发生！

一、整本书阅读的概念阐述

1941 年，叶圣陶在《论中学国文课程标准的修订》中对"读整本的书"提道："把整本书作主体，把单篇短章作辅佐"。2011 年出版的《语文课程标准（修订稿）》在教学建议部分，做了这样的表述："培养学生广泛的阅读兴趣，扩大阅读面，增加阅读量，提倡少做题，多读书，好读书，读好书，读整本的书。"并且规定：小学六年的课外阅读总量不少于 145 万字，其中第三学段课外阅读总量不少于 100 万字。可见，读整本书的意义重大。

那什么是整本书阅读呢？"整"具有完整、整体的意思，既包括对全书脉络的通盘把握，也包括对全书内容的整体思考；"本"是阅读的数量单位，既可以是独立的一本，也可以是相互关联的多本；"阅读"，可以是深读、浅读，也可以是精读、泛读，还可以是课内读和课外读，阅读对象可以是文学作品、文化典籍，也可以是科学论著、学术著作。

学生在语文课程的学习中，运用个性化的阅读方法，围绕整部经典作品展开，与作者、文本、教师、同伴对话，旨在养成阅读习惯、探索阅读方法、建构阅读经验，发展自身的语文核心素养。

二、整本书阅读的意义

近年来越来越多的语文老师开始倡导"整本书阅读"，"整本书阅读"成了当下最热门的课程。叶圣陶先生曾提出："试问，养成读书的习惯，不教他们读整本的书，那习惯怎么养得成？"可以看出，叶老重视读整本书是与他的语文教学的目标一脉相承的。

读整本的书对语文教学，对学生的阅读能力究竟起什么作用呢？

（一）扩大阅读空间

叶老说"教材全是单篇短章"，只读课本上的文字，"老是局促在小规模的氛围之中，魄力也就不大了"。读整本书的时候就会无从下手，难以把握。没有足够的阅读空间，也就没有自己学习尝试的机会。学生没有整本书阅读的实践，难以养成良好的阅读习惯，也就不可能自己学会阅读。所以"单凭一部国文教本，是说不上反复历练的。必须在国文教本以外再看其他的书，越多越好"。读整本的书"可以使学生对于各种文体都窥见一斑，都尝到一点味道"，"遇见其他的书，也就不望而却步了"。

（二）应用阅读方法

叶老先生认为"应用研读国文教本得来的知识，去对付其他的书，这才是反复的历练"，"读整本的书，不但可以练习精读，同时又可以练习速读"。

这样看来，在课内获得的精读的方法，可以在整本书阅读的过程中有意、无意地得到运用，有利于学生获得个性化的阅读体验，积累更多的阅读经验，以便形成更好的习惯。

（三）养成阅读习惯

叶老先生说："最讨厌的是读过一篇，读下一篇，得准备另一副的心思，心思时常转换，就难深入。"确实只读课本上的单篇短章对于培养习惯似乎还缺少力度。那怎样会效果好些呢？叶老提出"改用整本书作为教材，对于养成读书习惯，似乎切实有效得多"。

　　学生的习惯养成除了有必要的时间、实践以外，仍然要依赖学生的阅读兴趣，尤其是小学阶段。整本书阅读能够激发阅读兴趣，能够给学生带来阅读的成就感，对学生阅读习惯的养成有着特殊的作用。

　　当然在叶老先生的思想基础上，整本书的阅读对于学生还具有更深刻的意义。发展语言、锻炼思维、强健精神、提升境界等等，换言之，整本书阅读要能够提升学生的人生境界，能够使学生具有更完美的人生。

三、整本书阅读开展现状

　　英国提出"要利用班级图书馆和公共图书馆中的读物"，使儿童阅读内容的选择视其兴趣享有相当的自由；日本的语文教育很重视"读书指导"，注重学生的朗读训练，帮学生养成读书的兴趣和习惯，培养学生阅读报刊、使用工具书、利用信息等能力；台湾从 20 世纪 60 年代起就开始了儿童阅读的理论和实践研究，并有教师指导课外阅读的实践策略书籍《儿童阅读手册》出版。国内比较早提出整本书阅读的是叶圣陶先生，他认为"在阅读一事的本身，教师没给一点儿帮助，就等于没有指导"。朱永新教授近几年推行的新教育实验，一直倡导整本书的阅读，并把它作为学校阅读课程的重要组成部分。城中小学林彩英校长"基于儿童视野下的小学语文开放性阅读环境创设的研究"课题组历时三年，探索建立了儿童阅读教育课程体系，对整本书的阅读交流组织方式进行了深入研究。儿童阅读推广人陈秀金、魏琴所执教的"整本书阅读交流观摩课"给广大教师提供了学习和研究的案例。这些活动及课程对整本书阅读进行了有效尝试，希望通过整本书的阅读，让师生都能真正养成阅读的良好习惯，让阅读成为师生的日常生活方式。

　　真正实施起来，情况如下：

　　（一）不少学生阅读的效果不尽人意

　　我们发现影响阅读兴趣的主要原因是：阅读方法不当，阅读兴趣不浓，阅读习惯尚未养成。又因为各班学生的学情不一样，所以，在实际操作当中，效果也不一样。爱阅读的孩子，在读书过程中能够积极地思考，另一部分孩子在读书过程中却走马观花，不求甚解。

（二）孩子们喜欢阅读，同时也提出了许多意见和建议

1. 缺少指导

由于学生的课外阅读很少得到老师和家长有益的指导。比如名著，内涵丰富，其写作背景或事件的发生有着深厚的历史背景，要想理解其深刻的主题，在缺乏指导的情况下，对于学生来讲，难度较大，在一定程度上影响了阅读兴趣。退一步讲，即使勉强阅读，也只能浅尝辄止。此外，由于缺少指导，在课外读物选择上也存在盲目性的弊端，一味地以"有趣"为选择标准，忽略其他方面，以致所读书籍的品位较低，甚至一些坏书也成了学生手中的"常客"。

2. 书籍少

这样客观上就限制了学生的阅读，据调查，约有60％的学生是通过与同学、朋友互相交换个人存书进行课外阅读的，30％的学生是通过个人购买书籍进行的，但不论是何种形式，可供选择阅读书籍数量少，已成为制约学生课外阅读的客观原因。

所以，我们学校以"书香校园"作为学校文化，坚持开展一系列读书活动激发学生阅读的兴趣，培养学生阅读的习惯，让学生与书籍交朋友，让书香滋养童年。但是对如何深度阅读整本书，以及怎样去理解、把握作者的写作意图等方面还存在欠缺。幸运的是，我们学校在2018年遇见了月芽，月芽阅读软件中推荐权威等级分类书单、导读视频、测评体系、阅读大数据分析等功能为"整本书阅读教学"提供了助力，解决了"读什么书、怎么读、读的效果如何"的大问题。

四、整本书阅读的教学

有了这么强大的平台助力，要如何指导学生有效共读整本书呢？我们先来了解下整本书阅读教学的课型。整本书阅读教学的基础是：能够激发学生的阅读兴趣，让学生爱上这本书，有想要去认真阅读的强烈欲望。我们一般把整本书阅读教学分为三个课型：推荐导读课、阅读推进课和阅读分享课。

下面我们以月芽阅读的书籍《柳林风声》为例，谈谈是如何进行三种课型的教学的。

图 5-7 整本书阅读研讨活动

（一）导读——与书的美丽相遇

导读课的目的主要有两点:一是激发学生阅读兴趣。开展班级共读的第一步是使孩子们对即将开始的阅读旅程充满期待,兴致高涨,在这个环节,什么样的方法最容易引起孩子对书的浓厚兴趣,那它就是最好的导读。也就是说,三分钟可以就不用五分钟,一分钟可以,就不用三分钟。如果连一分钟都不需要,那就二话不说,开始读吧。当然这是一种最理想的开始。有的时候还是需要教师加以引导,那就是导读课的第二个目的:传授学生阅读方法。根据这两个目标,我们可以确定导读课的内容与框架即基本模式:了解大概内容,形成初步印象;选读精彩部分(或与猜想内容相结合),体验阅读乐趣;传授阅读方法,提出阅读建议;介绍相关信息,激发阅读兴趣。

童话小说《柳林风声》我们是如何进行导读的呢?

首先对于共读书目的选择,我们利用的就是月芽平台的课程领读栏目中十二个月份的推荐书目中去选取。《柳林风声》就属于四年级文学类书目。待我们确定书目后加入书架,并推荐给学生。

磨刀不误砍柴工,在导读之前,我们要先充分了解这本书。

1. 课前分析文本

《柳林风声》是英国著名儿童文学家肯尼斯·格雷厄姆写的。格雷厄姆喜爱大自然,酷爱文学,常常流连于山林旷野中,闲暇时潜心进行文学创作。他结婚很晚,生有一子阿拉斯戴尔——绰号"小耗子",小耗子有先天眼疾,格雷厄姆夫妇俩非常疼爱他,经常讲故事给他听。在小耗子6岁时,格雷厄姆为了哄他睡觉,编了一个有关几个小动物的故事讲给他听,这让他深深地着了迷,为了听故事甚至不肯到外地度假。遇到父亲出差时,小耗子就让他用写信的方式接着讲。就这样,格雷厄姆的故事断断续续地讲了三年。后来,格雷厄姆把讲给小耗子的故事整理成一本名叫《柳林风声》的书,并于1908年出版,把这个故事献给了全世界的孩子们。

《柳林风声》是适合围坐在暖暖的火炉边,大家一起听的故事。当在雪地里冷得直打哆嗦的鼹鼠和河鼠终于进到獾先生舒适的家,钻进带着肥皂香味的被窝;当他们第二天起床看见餐桌旁吃着荞麦粥的两只小刺猬时,当蛤蟆先生跳上令他心驰神往的那辆豪华汽车,"轰隆"一声发动引擎,然后扬长而去的那一刻,听着故事时眼睛都会迸出光芒,几乎想立刻跳进那个童话世界。《柳林风声》不仅带读者经历动物主角们随着季节变化的生活故事,还生动地刻画了柳林中萦绕的友谊与温情。

单看《柳林风声》中的文字,对于四年级的孩子来说,阅读是不难的,但读懂故事里珍藏的友情就没那么容易了。

2. 定位阅读愿景

对书有了了解后,我们就定位本次阅读愿景,希望孩子们能够做到:

(1)了解作品作者,了解故事主要人物和故事概况。

(2)通过设置悬念、猜读、品味精彩片段等形式,引发学生的阅读期待,产生阅读整本书的兴趣,初步感知故事及人物形象。

(3)通过导读活动,学习阅读整本书的方法,激发学生的读书热情,享受读书的乐趣。

3. 激趣启动阅读

万事俱备,要让孩子们与书来一次美丽的相遇。

4. 导读课建议

关于如何上好一节导读课,我们想提出以下建议:

(1)重在激发学生的阅读兴趣。教师的导读课内容一般是学生没有读过的书,对这本书不知晓,不知情。那就要激发学生的阅读兴趣,从无知到有知,给学生打开一扇窗,让他们看见里面的一些东西,然后吸引他们走进来,这就是老师在导读课上需要做的事情。为了激发学生的兴趣,就要想一些办法,如预测、猜想、设置悬念、验证等。

在这我们就要感谢月芽平台中的导读视频,孩子们可喜欢由子鱼老师录制的导读视频了。子鱼老师诙谐幽默的语言风格深深地吸引着孩子们,(播放子鱼老师导读视频),有了导读视频的帮助,我们的导读课往往能事半功倍。

(2)重在教会学生阅读方法。我们可以让学生学会关注封面,封面上的图画、文字;关注到边边角角给我们提供的每一个信息;关注到扉页;关注到作者。同时还包括:有的书上的内容梗概,有的书目录当中就有名堂,有的封底的推荐语值得关注等。这些都是在教学生阅读方法,也就是教他们怎样去读一本书。

(3)教会学生联系自己,联系生活,启迪智慧。正如《柳林风声》,我们不是在读一本书,更是在读我们自己的生活,读我们自己。

其实,导读课不会占用我们很多时间和精力,每月我们给学生上一节或两节导读课,也许学生阅读的兴趣就会加强,同时发展语言,锻炼思维,提升境界。

(二)推进——犹如向汤中投盐

有了阅读的兴趣,就可以让学生开始在课外自由阅读了。教师把握好阅读的时间与节奏,等到读到某个阶段的时候就要进行讨论交流,师生共读,也就是我们所说的推进课。

新教育实验研究知名人物干国祥老师在一次访谈中曾说:"浅阅读及自由阅读永远是需要的,但共读就是对这种自由阅读的引领,犹如在汤中投下的一匙盐。"我们想投下这一匙盐的目的就是:推进学生的进一步阅读,引导他们往深处思考。

1.课型的选择

阅读推进课可能是一次,两次,也可能是多次,有时候是几分钟,关于某一个话题的交流,有时候甚至可以拿出更多时间来进行,完全根据孩子阅读的实际情况而随时调整。

我们个人觉得每个年级课外阅读承载的目的任务不同,教师指导也应有所侧重,推进课所选择的课型也应有所不同。

低年级学生是入门的起始年级,使他们爱读、乐读,培养兴趣是阅读的目的。在阅读中能读通、读懂故事情节,在阅读中初步感受优美的语言,愿意和家人、同学、老师交流。对低年级学生来说,教师更多地应选择好词佳句的诵读课、一句话感想、续编改编故事课等,有效地激发学生的阅读兴趣。中年级进行阅读的指导,能运用一定的方法进行阅读,积累语言,并就书中的人物或情节表达自己的见解。中年级更多地应选择读物推荐课、感悟交流会、语言积累课、续写改写课等,在培养阅读兴趣的同时,掌握一定的阅读方法,培养主动积累语言的习惯。

高年级课外阅读重在培养学生的各种能力,自己选择课外阅读材料,有自己独特的阅读情感体验,鼓励学生在读中学做批注,适当地写阅读感受,读写结合,提高学生的欣赏、品味作品能力。高年级的课外阅读指导课可选择感悟思辨会、读写迁移课、阅读汇报课等,提升学生的阅读能力。

2. 推进的方法

推进课的课型各有不同,方法也就各有不同。常用的方法有以下几种:

(1)提取信息

老师根据每个章节的主要内容设定几个共读话题,让学生在自读时带着这些问题去读书,目的性更明确,也能让学生共同讨论,加深对作品的理解。

(2)阅读批注

①感悟处

当阅读某处时受到触发,产生精彩的想法,写下批注,不但感受真切而且深刻,真正体现了独特的阅读体验。

②疑惑处

阅读时,从初读到细读,直至有感情地研读,必然会有不同的疑惑。教师可以引导学生对文本思想价值、构思、表达技巧以及炼字炼句进行质疑而做批注。学生在阅读中质疑,带着质疑去细细品读,这样的过程,就是一种阅读思考,一种阅读挑战,一种阅读探索。

③空白处

书中许多内容作者不把意思挑明说透,刻意留下"空白",让读者揣摩。在这些地方进行批注,把写得简练的地方补充具体,或者把写得含蓄的地方补充明白。这样,不仅可以促使学生加深对内容的理解,而且可以提高学生的想象力和语言表达能力。

④字词处

我们阅读的书籍,有的写得生动优美,对学生进行写法指导很有好处;

有的则具有深刻的教育意义，学生读后肯定会有很多感想和体会；有的有助于学生语文素养的提高，有助于学生理解和尊重多样性文化。学生对这些经典词句进行批注，可进一步加深理解，感悟其内涵。

（3）思维导图

借助思维导图，可以对整体内容进行把握。教师可指导学生从作者简介、创作背景、主要任务、主要内容、作品评价、作品影响等方面来绘制思维导图，就能通过一幅思维导图对其整体内容进行归纳梳理，便于我们对整本书内容的把握。如在《假如只有三天光明》的阅读指导课中就利用了梯状思维导图建立阅读构架，利用太阳型思维导图突破阅读难点。

（4）学生个性化作业

学生对作品的理解可以用自己最独特的方式来表达，比如摘抄好词句、手抄报、读后感、续编故事、漫画等。当然方法还有很多很多！

例在《柳林风声》这本书的阅读推进：

定位教学目标

（1）创设轻松愉悦的课堂氛围，通过"聊书"的方式让学生学会读书方法，学会与同伴进行交流，乐于分享。

（2）让学生喜欢阅读，培养学生课外阅读的兴趣，养成良好的阅读习惯。

（3）通过对本书的阅读，感受故事中浓浓的友情，培养互相帮助、积极乐观的向上精神。

（4）采用"班级读书会"的形式，促使个性化阅读与合作性阅读相融合，从而提高阅读能力，陶冶学生情操，提升语文素养。

（三）分享——心灵的轻舞飞扬

如果说导读课是激趣，推进课是指引，那么分享课就是升华了。

首先，读后分享课不是对故事的简单重复，而是对整个故事，整本书的回顾总结与提升，就是说，要领着孩子往高处走一走，这是老师在分享课上最重要的任务。在这里特别想强调的是这一点，教师要将书本内容、价值思想与学生当下的生活实际进行深入的联系。如果没有这一点，那么共读的意义就打了折扣，甚至可以说失去了它最根本的意义。无论是多么优秀的童书，如果它没有与学生的生命体验发生碰撞，没有与学生的生命结合起来，就不可能对他们有什么实质上的影响。

我们归纳出了阅读分享课的几点原则：

1. 把握学生年龄及学段特点，确定交流内容和教学环节

在设计交流分享活动时，教师要把握学生年龄及学段特点，确定交流内容和教学环节。例如，《柳林风声》在设计交流分享活动时，我们就要根据小学生年龄特点、年级特点，以及童话的特点，确定符合小学生思维特点和认知规律的交流内容和教学环节，不能把中年级阅读交流分享课上成中高年级的文学作品欣赏课。

2. 要让学生收获和分享阅读的快乐，体验到成功的喜悦

整本书交流分享活动的设计起点要低，要让学生分享和收获到阅读的快乐，体验到成功的喜悦。例如共读《柳林风声》，在交流对书中鼹鼠、獾、蛤蟆的了解时，可以设计"认一认、说一说""读一读、猜一猜"等教学环节，通过展示人物图片和书中的经典片段，让学生根据自己的阅读经验进行判断。这些少年儿童喜闻乐见的形式，能充分调动学生的阅读积累，调动他们交流分享的积极性、竞争性和表现欲，使他们分享和收获到阅读的快乐，体验到成功的喜悦。

3. 要以点带面，抛砖引玉，渗透整本书阅读方法的指导

开展阅读交流分享活动，应该以点带面，抛砖引玉，给予读整本书的方法指导。例如，对于整本的文学作品，采用"了解作者—把握大意—理清线索—了解人物—咀嚼细节—品味语言"的交流程序，就是对整本文学作品课外阅读方法的渗透，使学生避免了课外阅读的盲目性和随意性。

4. 师生互动分享，使学生能够通过交流分享有所提高

学生永远是学习的主人。交流分享活动中既要突出学生的主体地位，让他们充分交流，互动分享，又要在学生交流的基础上，实现师生互动，使学生能够通过交流分享有所提高。

"阅读交流会"：这个交流会是孩子们最喜欢的。能说的爱说的孩子要上台一展风采，腼腆的内向的也要上台讲一两句话。每班每月共读的阅读交流会是孩子们最期待的。利用月芽测评平台，展示本班同学的读后感。从我们设计的几个拓展任务中选一项去完成，在交流会上展示。拓展任务有：向父母推荐这本书；找出文章中的几首小诗仿写；找出蛤蟆前后变化的精彩语段制作表格……

交流会最后，让学生归纳我们读这本书经历了哪些步骤：细读封面学猜想、图文结合读内容、提取信息做小报、测评交流巧拓展。最后还有一个延伸阅读。让孩子用总结出来的阅读方法，阅读课外书体会一下。

(四)演绎——展现自我与文字共情

整本书阅读教学中,演绎课让阅读有了更深层次的升华。兴趣是最好的老师。演绎故事、课本剧让学生从课堂走向课外,这是一种让学生趣味无穷的艺术表演形式,学生积极主动,喜欢看,喜欢演,对表演课本剧抱有浓厚的兴趣,都喜欢在同伴面前展示自己的才华,表演的欲望十分强烈。在完成了对课堂语文知识的学习之后,进而转入在课外延伸、拓展。通过教师精心指导、编排,挖掘教材中的精华部分,在提高学生听、说、读、写能力的基础上,再贯之以"演",特别是把课本中的小说、剧本、童话、寓言、神话等编写成课本剧进行表演,会有令人意想不到的作用。

1. 电影电视演绎法

仔细观察会发现,许多精彩作品已经被拍成了电影或者电视剧。老师借助电影电视技术不仅可以培养学生的美感,还能为学生枯燥的生活减压。在观看之前要进行合理的指导。教师首先要求学生熟悉整本书内容,其次为学生梳理并指出文字故事和电影电视里的一些方法技巧,提醒学生在观看的时候留意,观看完毕后要求学生写下自己的观看感受,以及从中获得的启发。就学生而言,学生观看电影电视,不能停留在电影电视的故事情节、画面冲击感或配乐的适宜上,不仅要了解这本书的写作手法,还能明白为什么要采取这样那样的角度进行拍摄,这培养的就是学生多方面的能力。这样学生不仅学得了语文知识,还学习了电影电视拍摄的技巧,对学生以后的发展也是有利的,这才是素质教育培养需要的人才,才是适应社会发展需要的人才。

2. 课本剧表演演绎法

课本剧表演,并没有像观看剧那样轻松,让学生自己排练课本剧不仅可以培养学生对文本的理解能力,也可以培养学生表演、说话的能力,发展学生的特长。比如剧中人物众多,每个人性格复杂,人物与人物之间矛盾重重。教师为学生提供课文需要的材料,让学生重新编排,自己选取角色,进行话剧表演。为了表演顺利进行,学生一定还会花时间查阅课外资料,了解整部作品的内容,以及表演该注意的一些方法技巧。

3. 绘画摄影演绎法

语文教学不仅仅培养学生看文字的能力,其他的能力如表演的能力、表达的能力、绘画的能力都可融会贯通。绘画摄影演绎的方法可以依靠现代发达的科学技术,也可手绘。

整本书阅读的演绎课中，只要把演绎教学法实施得当，都会为学生才能的拓展提供良好的空间。

以上就是我们对共读《柳林风声》的阅读指导。日常，我们不同的共读书，阅读指导大体都是按导读、推进、分享、演绎四步走。每一步又根据不同的文本设计不同的指导方法，我们始终贯彻一句话：教学有法，教无定法，贵在得法。总之，读好一本书是为了读更多的书，阅读不是单纯布置，而是点燃火焰。相信老师们，一定有自己的一套办法，希望我们多多交流探讨，让"阅读"这团美丽焰火更加璀璨！

第五节　开放性阅读活动学程化

杜肯大学威廉姆·巴伦内从心理学的视角，对以学生为中心的教育进行了界定，认为它是将教学的重心从教师转化为学生，自己要学和要做，赋予学生权利，让其更充分地参与，更好地被激发，对自己的学习更负责的一种教学模式，其效果超越对孤立事实的死记硬背，强调高层次，由记忆理解应用到分析评价创新的思考。中国高等教育学会院校研究分会会长、华中科技大学教育科学研究院刘献君指出，以学生为中心的教育理论，不是指教师围着学生转，也不是指教师与学生角色身份、地位的高低，而是指教学理念、管理理念、服务理念的转变，教学方法评价手段的转变，最根本的是要从教师将知识传授给学生，向让学生自己去发现和创造知识转变，真正关注学生的学习，他们如何学以及学到了什么。

以学生为中心教育理念的重新认识：以学生为中心，是以学生的学习和发展为中心，同理，无论在课内阅读还是课外阅读中，教师在指导学生阅读时，都要开启将教学的重心从教师转化为学生，自己要学和要做，赋予学生权利，让其更充分地参与，更好地被激发，对自己的学习更负责，从实质意义上体现以学生为中心教育理念。为落实这一理念，我们学校课题组在这方面做了积极的探索。

一、将阅读融入教学，创设具有生命与活力的课堂

将阅读融入学科课堂的课内阅读形式，成为学生学习过程的关键部分，可用来消化、理解学科知识。对理解学科知识、培养思考与表达能力有着重要意义。同时，学科过程阅读材料，也是教师丰富的课程资源，为教学注入了源头活水。课堂上，期待学生焕发主动学习的意志品质，就要求老师在课堂设计与实施中时时处处把学习的主动权归还给学生，鼓励老师当有智慧的"懒人"。

学校应为儿童构建一个充满安全感的阅读美学空间。儿童只有在感到安全的前提下才能真正做到心无旁骛，以最真实的自己来面对学习。执着为儿童创建一个充满爱和归属的课堂美学联结。让课堂流淌温情、满溢温度，才能上演儿童的"生命狂欢"，实现儿童的真正成长。比如《好玩的数学绘本》一书，由绘本故事引发出非常多的数学知识点，例如数与运算、时间与测量、统计与图表等，老师们可结合学科教学内容，进行范例式导读，将绘本故事作为课前导入，激发学生的学习兴趣，并把数学知识融入一个完整的故事中，让数学的学习在童话故事的情境中进行，抓住当中的关键数学问题，引导学生思考，理解学科知识点。

二、依托阅读活动平台，举行丰富多彩的诵读活动

学校举行丰富多彩的读书活动（见图5-8），比如诵读经典诗词、每周一诵、晨诵午读、读书沙龙、师生共读一本书、11月份的读书节中分年级举行读书系列活动、与北京（国际）月芽阅读服务平台合作，开展整本书阅读活动、教师每月整本书阅读指导课展示、书香班级评比等活动。学校创设形式多样的读书机会，拉近学生与书籍的距离，激发教师、学生读书的兴趣与热情，享受阅读的快乐。

在学生阅读的过程中，我们只是创设条件，做必要的引导，不强制，也不给他们压力，让每个学生根据自己的能力和个性来决定读多少书，让学生发挥阅读的自主权，让他们感受到读书的快乐，他们就有了读下一本书的兴趣。在书香的慢慢浸润下，学生的读书习惯就能逐渐养成，这种习惯一旦融入日常生活学习中，成为自然而然的事儿，哪天不阅读反而感觉不舒服了，那么，就意味着这一习惯已经像呼吸一样自然了，这为终身阅读奠定了坚实的基础。

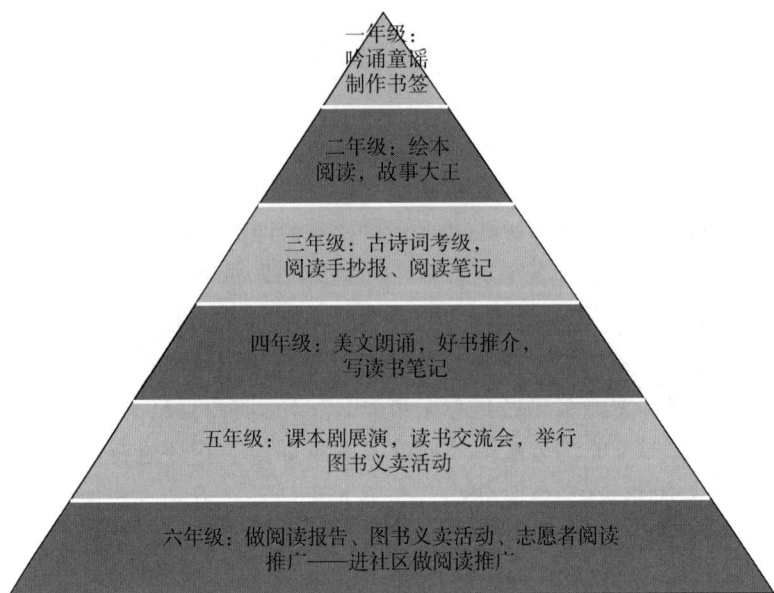

一年级：吟诵童谣制作书签

二年级：绘本阅读，故事大王

三年级：古诗词考级，阅读手抄报、阅读笔记

四年级：美文朗诵，好书推介，写读书笔记

五年级：课本剧展演，读书交流会，举行图书义卖活动

六年级：做阅读报告、图书义卖活动、志愿者阅读推广——进社区做阅读推广

图 5-8　各年级读书活动内容

第六节　开放性阅读评价数字化

学校引进了月芽阅读、梯航网服务平台合作，开展整本书阅读活动。每位孩子在学校六年的时间里，都能借助月芽阅读平台和梯航网提供的书目进行阅读、测评，教师针对孩子的阅读量和阅读质量的数据分析，把握班级每个孩子的阅读情况，可以有的放矢地对每位孩子进行针对性指导。与月芽阅读平台、梯航网合作，使阅读更具科学性，用数据说话，让阅读实效更具透明和直观性，增强阅读的可操作性。

一、家校紧密配合重视教师指导

让学生进行课外阅读之前，教师要做好"课外阅读"指导，使评价体系朝科学、扎实、健康的方向发展。

（一）协同家长指导学生选择课外读物

选择时注意：（1）思想要健康；（2）种类要多样；（3）深浅要适宜；（4）因人而异，关注差生。

（二）指导学生正确掌握课外阅读方法

教师要给学生进行课外阅读示范，以启发学生领会并掌握课外阅读的基本方法。

二、家校紧密配合运用评价建议

（1）要注意运用评价的措施、激励的机制。鼓励学生达到或超过《义务教育语文课程标准（2011版）》中规定的各年级的具体要求。

（2）多种评价相结合。教师、学生自我及相互评价相结合；课内、课外评价相结合；分学段目标达成与综合评价相结合。让学生家长积极参与评价活动，尊重学生的个体差异。

（3）把每个学段的课外阅读量的要求分解到每个年段、每个学期、每个月中，这样才能真正落实到位，避免时紧时松现象。

（4）设立日常阅读评价系统，依托活动对学生进行多元化的阅读评价。城中语文团队制定的数据评价体系见图5-9所示。

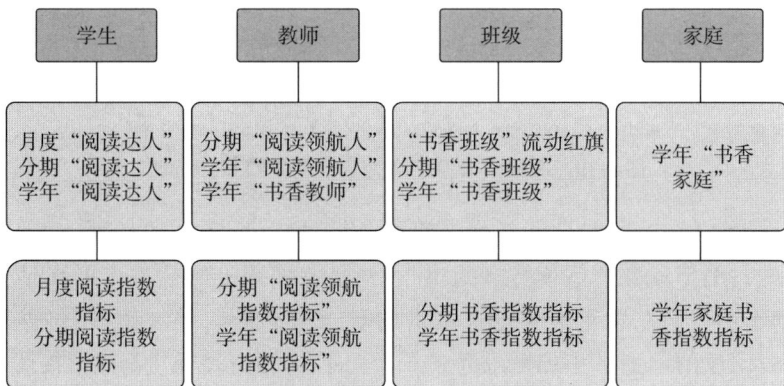

图5-9　数字书香校园评价体系

以学生月度阅读指数为例，见表5-1所示。

表 5-1　学生月度阅读指数

指标	指标说明	计算标准	举例说明	分值
阅读本数	1. 每月阅读量年级排名 2. 按阅读本数得分评比，阅读得分一样的比总成绩	1. 统计学生测评通过的阅读本数 2. 统计范围仅限学生所读年级对应的分级书目下沉一级	6 年 1 班一个学生，3 月份阅读总数 100 本，其中 4 级以下（含 4 级）的 30 本，则本月阅读量为：100 − 30 = 70 本	3分/本

　　学校与区图书馆合作利用大数据分析制定了城中小学阅读评价系统，从班级、年段到学校，再从学生、教师到家庭逐级分层评价分析，用数据说话，使阅读实效更具透明和直观性，增强阅读的可操作性。这样线上线下双轨制的阅读测评，打破了时空的限制，使阅读评价更科学更有实效性。（如图 5-10 所示）

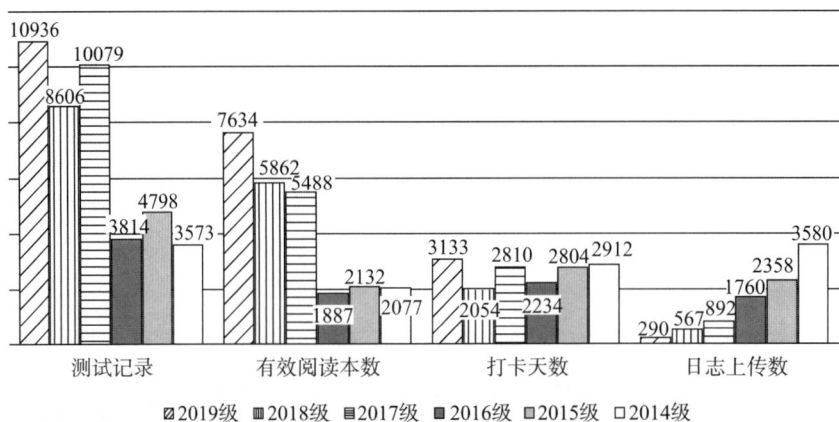

图 5-10　2020 年寒假各年级学生阅读数据分析图

　　在 2014—2019 年这六年的时间里，我们按照孩子的成长规律，把握好上述的每个年段课外阅读指导的核心，并坚持把课外阅读推广的事情做下去，孩子不仅会在童年最美好最宝贵的时光里享受课外阅读，还将养成终身热爱阅读的习惯。一棵树永远成不了一片林，只有每棵树都能承接属于自己的一米阳光，每棵树都在拔节向上，我们才会拥有一片生命的树林，等每个孩子的阅读像呼吸一样自然的时候，他们就让阅读像大树一样生长了。我们的教育责任就是不仅要让这棵叫作"学生个体"的树根深叶茂，更要"培育一片林"。

第七节 亲子开放性阅读共享化

"亲子阅读"一词起源于新西兰，随后被世界各国所采用并积极实践，美国教育部召开全国阅读峰会，提出五项目挑战，勉励各州加速培养儿童阅读能力，父母责无旁贷必须承担起辅助孩子阅读的责任。日本设立专门的家庭式图书馆，称为"家庭文库"，促进亲子阅读活动的开展。在中国古代传统的家庭中，就已经出现田间收种忙，案头文墨香的生活写照。耕读密不可分。晴耕雨读，田园牧歌，刚放下锄头，又拿起书本。这种经久场景形成家规家训并借此勉励子孙耕读传家，将书香绵延，将文脉赓续。遗子万金不如教子一经。黄庭坚有诗曰："藏书万卷可教子，遗金满籯常作灾。"古人很早就认识到家族血脉的传承，不是财富的传承，也不是官职的传承，而是文化的传承。只有书香、品德，才可以润泽久远，世代绵延。党的十八大以来，国家将开展全民阅读活动纳入文化强国建设共筑中国梦的一项重要内容。习近平总书记高度重视家庭在促进国家发展、民族进步、社会和谐中的重要作用，明确提出"三个注重"的要求，即注重家庭、注重家教、注重家风。家庭亲子阅读活动是指导推进家庭教育的有效载体，是培育弘扬良好家风的有效形式，对促进孩子健康成长、培养担当民族复兴大任的时代新人，对将社会主义核心价值观落细落小落实在家庭、推动形成社会主义家庭文明新风尚，对提高全民族的文化素质、进一步增强国家民族的文化自信，都将起到有力的促进作用。

国内外现象表明：亲子阅读成为不折不扣的国家工程，视作教育的重要发展项目，是全民阅读时代一个很受重视的话题，是遍布全世界的一种潮流。亲子阅读的盛行，对儿童阅读是一种保障，也是温馨家庭的一部分，是提高国民素质的希望。

城中小学秉承为孩子生命成长奠基的办学理念，发挥阅读与家庭这两大教育基石作用，家校携手，开展"书香溢满家园亲子阅读"活动，帮助家长由管理监督型转变为自我学习成长型，成为陪伴孩子一起成长的父母。

一、践行之思，提高认识

著名儿童文学作家白冰表达了对亲子共读的独到见解："陪伴是一种爱，阅读陪伴孩子是一种人间大爱。"下面我们从三个关键词来诠释亲子阅读。

（一）陪伴

春晚，贾玲的一句"孩子需要的是陪伴，不是钱"不知触动了多少父母的心。著名学者季羡林在晚年曾经这样写道："这一生最大的痛苦就是过早离开了母亲，如果有可能，我宁愿什么都不要，也要和母亲生活在一起。"陪伴是家长给孩子最好的礼物，最好的教育是陪伴。

现在一些家长都以工作忙、事业忙、应酬、加班等作为没时间陪伴孩子的借口，他们把孩子教育引导的责任推给了学校、社会培训机构、老人，认为"安排"好了就是自己尽责了，与孩子渐行渐远成了同一屋檐下的陌生人。有的父母看起来是跟孩子待在一起，可一直盯着手机，或是脑子里一直在想着工作上的事情，孩子说什么都没听到，心不在焉，或孩子稍有不配合或者不理解便大声呵斥……这样的陪伴并非真正意义上的陪伴，而是"无效陪伴"。现实也给了我们足够的教训，在学校里，"问题少年"几乎毫无例外的都有一个不够温暖的家庭。至于留守儿童引发的问题，无一不和"缺少父母陪伴"有关。父母是孩子最好的老师，孩子的教育不能重来，孩子每一天都在成长，但你不能在将来才去弥补。

陪伴的方式有很多种。有亲子旅游、亲子阅读、亲子运动等。亲子阅读则是最简单、方便的陪伴方法。一书在手，阅白纸黑字，嗅纸墨幽香，哗啦啦的书页响声，让身心有一种精神充盈的感觉。家长与孩子一起阅读，与孩子近距离的接触，甚至把孩子搂在怀里，让孩子感受父母怀里的温度，温暖的读书声和笑声以及满满的爱，都是孩子童年最美好的回忆。这更是一种心灵的陪伴！

（二）阅读

吉姆·崔利斯的《朗读手册》上也有这样一段话："你或许拥有无限的财富，一箱箱珠宝与一柜柜的黄金。但你永远不会比我富有，我有一位读书给我听的妈妈。"史斯克兰·吉利兰用诗一样的语言告诉我们阅读是给孩子最好的宝藏，阅读的种子是在家庭里播下的。

1. 做孩子的领读者

孩子是由大人牵手进入阅读的世界的，无论是自觉的引导，还是无意的带进，离不开示范引领。儿童是通过榜样来学习的，爱读书孩子的背后往往有爱读书的父母。当今社会，在电视、电子游戏和网络构筑的声光世界中，孩子与书本的距离越来越远，父母更应该放下手机拿起书本做一个领读者，对孩子"给我读书"说一百遍，不如自己捧起书本读给孩子听，更不如与孩子一起读书。

大人读书时专注的神态和满足的表情，大人之间讨论书中的人物与故事，亲子之间交流共读的心得，这些做法会比简单地把书丢给孩子去读，或者直接把书"喂给孩子"，更能够把孩子带进阅读的世界。

绝大多数人都是通过听故事走进书本的世界，从而成为读者的。许多孩子因为喜欢书中的故事，慢慢认识了书中的文字，借助这些文字，又慢慢走进了其他的书籍，发现了新的故事。所以，儿童阅读其实不是从自己独立的阅读开始，而是从"听读"开始的。父母要把讲故事作为激发儿童阅读愿望的重要方法。

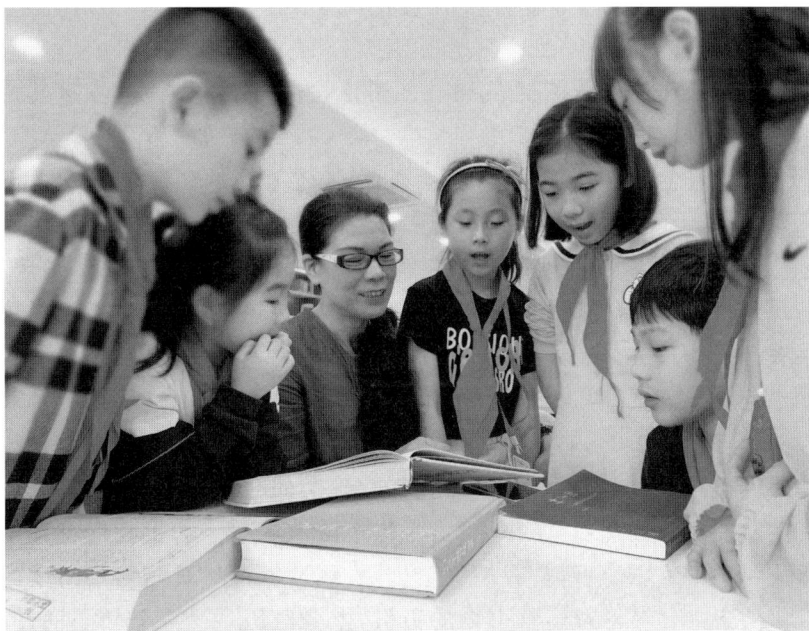

图 5-11　和孩子们一起阅读

2. 亲近孩子，静等花开

对于儿童而言，阅读是帮助他们认识世界，形成对于人生、对于未来的基本态度和价值观的最主要的路径。在阅读之中，要给予他更多的光芒，这种光芒与儿童的内心交相辉映。因此书必须是儿童的，要给不同阅读阶段的孩子挑选合适的书，最好的阅读，就是从孩子的兴趣出发的。

孩子读书，是精神成长的过程，这个过程其实和孩子身体的成长一样：每天盯着孩子，就觉得孩子没什么变化。可过一段时间回头去看，就会发现孩子的改变。因此，不要孩子读完一本书，就迫不及待地问：你读到了什么？收获了什么？要知道，阅读是一辈子的修行，某些暂时形容不出的感受，可能才是真正的收获，是需要时间去反刍、消化的。所以，只要静等花开，家里自然就有了爱阅读的孩子。

抓住孩子的兴趣点、引导孩子爱上阅读之后，还要让孩子读各种门类、不同作家的书。孩子的阅读要扎根在更广袤的土地之上。孩子读书越多，知识和知识之间能够产生的连接就越多，也许某一天能出现爆炸式的绽放。

（三）坚持

看过这么一段话写得非常好，分享给大家。

> 如果你没时间陪孩子，请让他阅读，书会陪他，一个人在寂寞的时候懂得去看书，就不会太孤单；
>
> 如果你不会教孩子，请教他阅读，书会教他，只要拿起书，他就能与各路大师进行一次深度的免费对话；
>
> 如果你害怕有一天自己终将离开孩子，不再能为他出谋划策，遮风挡雨，也请教他阅读，未来不可知，父母不常伴，但我们仍可以培养孩子阅读，让孩子永远与知识相伴。

阅读习惯是孩子一生的财富，而培养孩子的阅读习惯，贵在坚持。坚持是一件很难去做到的事情，每个人都有犯懒的时候，每个人也都会为自己的倦怠找出无数理由：工作太忙，身体不舒服等等。如果我们将亲子共读看成一件很重要的事情，我们就会排除万难，保证每日陪孩子阅读的时间并坚持下来。孩子对新鲜事物的吸引，也会经历一个由强转弱的过程。是否能坚持，关键就在于怎样在孩子们兴趣度不足时家长给予鼓励和引导。先是家长坚持，言传身教，孩子也跟着学会了坚持。因为坚持，孩子可能从最开始的不愿意到积极参与到后来主动读书，养成读书的习惯；因为坚持，孩子的阅读量会随着时间的推移日益增多，收获着平日阅读积累所带给他的影响；因为坚持，孩子也养成了坚韧独立的品质，他们用从各种书本中汲取的知识完善自我，通过书籍去认识世界。他们有各种爱好，并一直用自己的行动坚持着。到时候受益的不仅仅是孩子，也是家长的再成长，亲子关系也因为坚持着亲子阅读而越来越紧密。

二、前行有路，形成共识

（一）广宣传促共读

通过《给家长的一封信》，向家长宣传共育共读教育理念，充分明了了亲子阅读的意义。召开家长会，在家长会上给家长做了有关阅读讲座，如"让阅读像呼吸一样自然"，告诉家长们阅读的重要，共读的美好。看到参与的家长一脸的幸福满足，这必然传染给更多的家长，使更多的家庭入驻。

（二）让家成图书馆的模样

著名作家博尔赫斯曾说过："我总是想象天堂将如同图书馆一般。"家长应为孩子建构一个阅读的天堂，为孩子创设舒适惬意而又童趣化的阅读环境，以吸引孩子进来阅读。在家中选一个光线充足的房间或角落，放置一张书桌，准备一个小书架，孩子可以随意选取自己喜爱的书籍，坐在书桌前放松自在地去阅读。相信家中如果有这样一个书吧似的空间，孩子一定会有阅读的欲望。

（三）共同选择合适的书目

有了好的环境，还需要可以激发兴趣的足够的好书。教育家伊拉斯谟说："孩子最初阅读和吸收哪一类书籍是十分重要的。不正经的谈话毁坏心灵，不正经的书籍毁坏心灵的程度并不比它差。"家庭藏书应立足"有趣"和"实用"。一般说来，低年级的学生可以选择能够引起他们共鸣、唤起热情向往和兴趣的书，如：童话、神话、民间故事、优秀的卡通和漫画。中高年级的学生选择的面会广一些，随着身心的发展，他们可以理解感情更细腻、内蕴更厚重些的书籍，可读的书籍应向文学名著、科普读物、科幻侦探等类型靠拢。要确保家里有各种书籍、儿童杂志和报纸，并保证足够的数量。

（四）确定固定的阅读时间

一个人无论做什么事，坚持都是最为重要的决定因素之一。阅读也应该这样，有相对固定的阅读时间，如早晨、中午、入睡前，五分钟、十分钟都可以。从而形成相对稳定的阅读习惯。美国教育家霍勒斯·曼说："假如每天你能有 15 分钟阅读的时间，一年后你就可以感受到它的效果。"。

（五）填写亲子阅读记录卡

我们学校设计了"亲子阅读记录表"，要求家长、学生每日阅读打卡，家长、老师评价。学校每学期根据打卡情况进行一次"书香少年"评选，在学校的网站上公布。

（六）让阅读与生活相伴

亲子阅读不能仅仅理解为在家里的阅读，也可以在旅途中阅读，在公园的草坪上阅读。也不能把亲子阅读仅仅理解为书本的阅读，读电影、读大自然也是一种阅读。

三、搭建平台，展示风采

（一）建立网络阅读平台

利用月芽网络平台，在学校与家庭之间搭建沟通桥梁，引导家长关注孩子在校与在家的阅读活动，获得家长对亲子阅读活动的关注和支持。定期或不定期推荐适合亲子共读的书目，介绍基本内容、适合阅读的年龄范围，以及推荐适合的阅读方法。

（二）组织亲子阅读沙龙

鼓励年龄相仿、兴趣相投的家庭建立家庭读书会，共享图书资源，学校定期或不定期举办亲子阅读沙龙，由老师和热心的家长共同主持，交流亲子阅读的经验和方法，解决阅读中存在的问题和疑惑。家长的交流可以是有准备的，也可以是即兴的。

（三）利用公众号的引领、辐射作用

在学校的微信公众号"城中大学堂"里，专门开辟一个栏目"家长心语"，让家长把亲子阅读中的点点滴滴写成文章发表在公众号上，来影响和唤醒家长，起到引领、辐射作用。

※ 爱上阅读的点点滴滴

二年三班　王俊鑫妈妈

爱因斯坦曾经说过："兴趣是最好的老师。"可是，如何让爱玩好动的，刚从幼儿园晋升上来的低段孩子爱上阅读呢？

因为工作原因，这些年我较少陪伴在孩子的身边，但是，家里的书未不曾离开过，即使在孩子很小的时候，他撕过书，把书本当作玩具，但是，我仍然觉得孩子周围有书的相伴总是聊胜于无的。每个周末我放假回家就会给他讲讲故事，他也爱听，再长大一些，尤其是每天晚上睡觉前，他就会缠着大人给他讲故事，听完故事，他才满足地入睡。而这些都只是局限于"我们说，他听"。一年级下学期了，他有一定的识字量了，我以为他可以自己看一些桥梁书了，于是，我停止了讲故事，让他自己阅读，由于他识字量还不够，阅读速度又慢，索性，他就不看书了。书架上我们为他准备的书本就这样搁置了……

直到书本上铺满了灰尘，我们才意识到这样也不是个办法。于是，我开始在他的面前"装模作样"地看起来书，时不时地发出笑声，甚至大声地发出感慨："这也太有意思了吧！"果然，他的好奇心被成功地吸引住了，他开始靠近我，问我："妈妈，你笑什么？书里讲了什么？"而我，故作神秘，就是不告诉他！另一方面，我偷偷地准备了几本有拼音的阅读书籍，放在显眼的位置。果然，他发现了，他跑过来找我："妈妈，妈妈，这些书是不是买给我的？"我却摇摇头，告诉他，这是我的书。他表现出前所未有的沮丧，又开始缠着我，要我把书送给他。突然，我想起了袁枚在《黄生借书说》里有过这么一句话"书非借不能读也！"我告诉他，这些书我自己也要看，不过，我可以借书给他看，如果他看得比我快，我可以把书奖励给他。就这样他每次做完作业，就会拿起书本慢慢地阅读，果然，他很快就把五本书看完了。

因为书是借来的，所以总担心着被要回去，而自己的书常常觉得随时都可以翻看，一拖再拖，免不了被束之高阁的命运。

从最开始的他不是个爱阅读的孩子到现在他渐渐喜欢上了阅读，我觉得还跟平时减少孩子接触电视等电子产品有关，电视一秒钟有三十个左右的画面，而书本大多白纸黑字呈静态，孩子的注意力容易被电视画面所吸引，而书本中的乐趣就自然感受不到了。

另外，我平时较注重"贴标签"效应，我认为即使孩子暂时不爱看书，那并不是真的不爱看，只是还没喜欢上，所以每一次孩子拿起书，就要微笑地对孩子说，"你真是爱读书的孩子!"让孩子的潜意识里认为自己是个爱阅读的孩子。如果你一边催促孩子看书，一边又责骂孩子："你怎么这么不爱看书?"那么孩子就会认为自己就是不爱看书，那么他以后还会想看书吗?

当然，在培养孩子阅读兴趣的过程中，亲子阅读便是孩子自主阅读的前奏。亲子阅读，可以让孩子一边感受到父母对他的爱，一边感受阅读的快乐，我想这便是真正的快乐阅读吧。

近期，尤其是城中小学月芽阅读APP的引进，它帮助孩子筛选了更优质的图书，还设计了各种测评题目，这样能更有效地提高孩子的阅读质量，还能促进孩子间的阅读竞争，孩子的阅读激情也高涨了不少。

我们坚信，持之以恒地阅读，它终将成为一个影响一生的好习惯!

家长们的锦囊妙计让亲子阅读在化茧成蝶的路上又前进了一步。

(四)请家长分享亲子阅读经验

2019年11月，我们邀请了三位在指导孩子进行亲子阅读方面做出一定成效的家长，让他们到学校，为家长进行亲子阅读点滴的经验分享。二年一班的潘彦辰妈妈给家长们提了三条建议：一是让亲子阅读变得美妙；二是选择相对固定的时间，以便习惯养成；三是陪孩子一起阅读。三年一班的翁易菲妈妈说在陪伴的过程中，增进了亲子沟通，启发和培养了孩子的阅读兴趣，在陪伴孩子的过程中愉快而温暖。六年五班的吴夏洋妈妈是一名高中语文老师，自己走到哪里书带到哪里，是一个热爱阅读的妈妈。她教家长们要相信孩子的潜力，相信榜样的力量，并用实际例子教家长们如何引导孩子进行深层次阅读。通过分享阅读之风吹进千家万户，无形中成了家庭共育共读的巨大助力(见图5-12所示)。

(五)亲子书信对话

家书抵万金，用文字能传递浓浓亲情，或表达出对家人的感恩，或写出

图 5-12　亲子阅读分享活动

对家人的真挚祝福，在字里行间中流露出温馨与幸福，营造和谐的家庭氛围，培育和传承优良的家风。

（六）评选"书香少年""书香家庭"

学校借助"月芽阅读平台""亲子阅读征文"等活动进行"书香少年""书香家庭"的评选，举行隆重的颁奖仪式（见图 5-13 所示），家长与孩子一起上

图 5-13　"书香家庭"颁奖活动

台领取奖状和奖品，共享亲子阅读魅力，让快乐阅读伴随美好童年，让缕缕书香撑起幸福家庭！

"半亩方塘一鉴开，天光云影共徘徊。问渠那得清如许，为有源头活水来。"让我们家校共育，亲子共读，共同畅饮这"源头活水"，攀登这人类进步的阶梯，成为知识的富翁、精神的巨人。

第六章

红扣子工程，建构全民教育的大家学园

教育，本身也是一个巨大的磁场，把各种社会的教育力量吸纳和汇聚，成为社会教育力和系统教育力，真正把教育变成全社会全人类的事业，是未来基础教育改革与发展面临的重大挑战。

2014 年 5 月，习近平在北京大学师生座谈会上提出："青年的价值取向决定了未来整个社会的价值取向，而青年又处在价值观形成和确立的时期，抓好这一时期的价值观养成十分重要，这就像穿衣服扣扣子一样，如果第一粒扣子扣错了，剩余的扣子都会扣错，人生的扣子从一开始就要扣好。"而系好人生第一扣，需要的是家庭、学校、社会的通力合作。这就是"红扣子"工程的初衷。

在教育历史上，教育的变革总是伴随着生产方式和技术革命而进行的。在相当长的时期，人类是没有学校的，人们在生产劳动过程中传授经验和信仰。农业革命和文字出现后，产生了最初的学校，有专门的人从事教育工作，在工业革命的浪潮中，现代学校制度和义务教育制度体系诞生了，学校具有鲜明的时代性，每个时代的学校都有那个时代的特征，从庠序到私塾，从古代官学到现代公立学校，无一不是时代变迁的产物，随着"互联网＋"时代的全面到来，新的时代必然会塑造出新的学校形态，学习空间、学习方式、课程体系、组织管理等都会发生新的变化。"教育是我们共同的责任，政府、学校、教师、家长与社会各界都与其脱不了干系。"联合国教科文组织总干事伊琳娜博科娃说，"要成就好的教育，发展好学校，必须与教师、家长、企事业、政府等深度沟通，围绕共同的价值观，形成合力。"

今天每个学校在一定意义上讲都是孤岛，每所学校都是相对独立的自己办学，完全实现自己的封闭性内循环，本质上不需要和外部世界进行更多的联通，守着自己的一亩三分地自耕自足。于是，家庭与学校教育的矛盾出现，教育与社会发展脱节，由此引发的学生心理问题比比皆是，所以如何打破学校壁垒，与学校、社区联手办一个大教育体系，成了未来教育亟须解决的问题。一所面向未来的学校，应有长远的目光，能够协调学校、家庭、社区的关系，营造一种和谐共生的教育大生态，为学校教育教学和学生成长创造良好的软环境。一所面向未来的学校，必须重视自身在社区中的引领作用，开放校园，实现与社区的深度共融，共进。学校不再是教育的唯一场所，从教育发展的历史来看，家庭、学校和其他社会机构在不同的历史阶段分别扮演着不同的角色，以不同的方式共同推进了教育的发展。

优秀的家教，培养出一代代优秀的国家栋梁，良好的家风，让中华民族的传统文化一代代延续下来，孝、忠、仁、智、信，吾日三省吾身，谁言寸草心，报得三春晖，天下兴亡，匹夫有责……从某种角度讲，四大文明古国，如今唯有中华民族成为东方的巨龙，正是因为中华民族的家文化，一种世世代代相传下来的"家国"文脉，让文明的中国成为全世界瞩目的新时代的强国。

而教育若是脱离了家风，家教就成了无本之木、无源之水，所以作为学校教育者，必须重新审视家庭教育的重要性，联手家长，将第一粒扣子系对系实。正如习近平总书记说的那样，办好教育，家庭、学校、政府、社会都有责任，家庭是人生的第一所学校，家长是孩子的第一任老师，要给孩子讲好人生第一课，帮助扣好人生第一粒扣子。

第一节　家校的合作，有温度的教育共同体

教育本是家庭的天然职能之一，最早的教育是在家庭中产生和传承的。在第一次工业革命之后，为适应社会生产力的大发展，公立学校开始迅速普及，学校慢慢取代了家庭教育并具有合法性。学校教育发展至今，世界各国普遍认识到，光靠学校的力量难以圆满实现对青年人的教育。真实的学习，需要学校尽可能处于开发的状态，让学生置身于一个更接近真实世界的环境。

一、"三位一体"育人模式的意义

一所面向未来的学校,应有长远的目标,能够协调学校、家庭、社区的关系,营造一种和谐共生的教育大生态,为学校教育教学和学生成长创造良好的软环境。建设一所面向未来的学校,绝不仅仅意味着打造现代化的物理建筑,也不只是配备高科技的教学设备,还应关注教育的外围,跟上社会的变革步伐。家庭与社区是一所学校向外无限延伸的生态系统的重要组成部分,在教育中扮演着不同角色,承担着重大责任。学校、家庭和社会之间的沟通与合作是教育成功的基本保障。因此,让社区资源与家长智慧参与学校建设,是一所面向未来的学校的必然选择。这三者如同一组精密配合的齿轮,彼此咬合,联动向前。

2007 年 5 月,《全国家庭教育工作"十一五"规划》颁布,已将主管"社区"事务的民政部联合为"规划"的责任部委,这为教育培养模式从"家校合作"走向"家、校、社合作"创造了一定的条件。我们要研究和建立现代学校制度,探索和构建以学校为主导的"学校教育、家庭教育、社会教育三结合"的育人模式,促进孩子的全面发展。

二、家庭教育发展的现状及影响

随着我们国家的课程改革继续深入发展,家校合作的教育意义更加突出,但实践中仍存在许多问题,如学校与外部环境的关系定位不清晰、父母在办学方面的作用尚不清楚、家校合作制度和组织结构不健全。作为现代教育的三大支柱之一,家庭教育的发展与学校教育和社会教育相比是非常不均衡的。主要问题表现在:

(一)父母自身存在的问题

随着中国教育的发展和公民教育水平的提高,中国儿童家长的教育水平也在不断提高。但不可否认的是,还有为数相当多的家长,教育观念滞后,教育手段粗暴而单一,他们太爱孩子,但太不会爱孩子;重教子轻自修,一味地要求孩子赶上别人的步伐,自己却懒于学习和改变;教育方式多训斥,少疏导,以及用溺爱或暴力等极端方式对待孩子等。

（二）家庭和社会生活变化带来的新问题

目前,中国的家庭构成和经济形势发生了很大变化:一是现在的学生、家长和老师大多是独生子女。二是生活条件改善,容易造成孩子与父母沟通越来越少,亲子间的隔阂愈来愈大,家庭教育的难度也越来越大。三是家庭养育开支越来越大。四是随着城乡流动人口数量的增加,留守儿童和流动儿童的数量也大大增加,代际教育的产生也出现了。五是网络飞速发展,黄赌毒、网瘾、不健康的言论和价值观严重影响孩子的身心发展,等等。总之,家庭教育的缺失、错位是由家庭和社会环境的变化所引起的。

（三）家庭教育缺乏科学的理论指导

从我们国家庭教育领域的现状来看,真正从事家庭教育理论研究的学者较少,研究内容过于实用,缺乏理论基础。在大学里家庭教育课程很少,导师和家长提供的知识是零散的,理性思考是不够的,缺乏思考家庭教育的深层问题。自称"专家"的社会不可靠的人和以营利为导向的家庭教育指导服务遍布世界各地,家庭教育指导领域的混乱已经持续了很多年,误导了许多渴求知识的家长。

习近平总书记在 2015 年春节团拜会上的讲话上强调:"家庭是社会的基本细胞,是人生的第一所学校。不论时代发生多大变化,不论生活格局发生多大变化,我们都要重视家庭建设,注重家庭、注重家教、注重家风。"家庭教育事业的发展已经引起社会各方面高度关注,这是时代的期盼、家长的愿望、社会的需要。

三、家校合作共生——激活教育细胞

苏霍姆林斯基说:"教育的效果取决于学校和家庭影响的一致性。"21世纪的家长,已经在基础素养、教育期待、教育意识与能力、教育权利与责任等方面,出现了质变,他们有着参与学校教育的强烈意愿,也同样期待着学校教育工作者对其家庭教育的专业性影响。学校教育工作者不仅仅要把家长视为学生的第一任教师、学校相关工作的支持者,还必须将家长引入学校办学的全领域,以极为丰富的家校关系,充实学校教育的内涵,引领家庭、社区的发展。

（一）加强政府的领导责任，提高政治站位

当下中国家庭教育问题突出的现状，不是简单的家庭问题，而是中国的社会问题和民生问题。要想真正解决中国的家庭教育问题，就必须实现家庭教育由家庭和父母的自发行为向整个社会的自觉和普遍行为的转变。家庭教育将不再是家庭和父母的自发行为，而是学校常规的教育的引导和政府教育部门的指导。

加强政府的领导责任，政府部门就要将家庭教育纳入民生工程的重要指标。设立家庭教育日，出台家庭教育、家风建设规划制度，作为各级党委和政府关注民生工程的重要工作及评价体系。如开办婚前家庭教育知识培训，颁发合格准父母证书，健全家庭教育立体建设等。通过立法促进家庭教育，依托城乡社区公共服务设施、城乡社区教育机构、儿童住宅、儿童活动中心等，设立家长学校或家庭教育指导服务场所。通过评选"文明家庭""和谐家庭""孝顺家庭"等，树立家庭教育的标杆和典范，引导家长们注重言传身教，以身作则。

（二）学校的办学模式从"封闭式"走向"开放式"

学校和家庭应该是一种双向互动的民主和平等伙伴关系，学校应科学地定位自己在家校合作中的角色以及发挥的作用。民主开放的管理，主张学校是与其外部环境相互作用的组织，学校要打破围墙，从社会当中吸取有益的资源。因此，家校合作的第一要务是，学校的办学理念和办学模式必须从"封闭式"转变为"开放式"，将家校合作纳入学校的整体工作计划，让家长进入到教育这个场域中来，作为在场者去了解孩子的教育生活世界。为了充分发挥家长学校的职能，提高家长的素质，形成家校合力办教育，将学校的一切教育教学工作及管理向家长开放，从而促进学校与家庭、教师与家长的合作共赢。

（三）教师的家访从"传统"走向"现代"

2018 年 9 月，我们曾针对全校 2700 多名家长进行了问卷调查，发现家庭教育状况良莠不齐，家长构成多元化、差异大，教育经常遭遇"5＋2＝0"的难题。家长与教师之间存在相互推卸教育责任和共育意识不强的现象。更有些家长对孩子班上的老师授课方法、处事方法不满意，到学校请愿，要求学校更换老师，出现家长挑班拣师现象等。凡此种种，不一而足。这些

问题和现象，正一点一点蚕食着家长对学校、教师的信任，家校之间渐渐筑起了一道无形的墙，教育生态"水土流失严重"，教育责任和界限不清，学校教育被"神化"，家庭教育被"弱化"，社会教育被"异化"，教的这条腿很粗，育的这条腿很细，成了"跛脚"教育。

良好的沟通是有效合作的前提和基础。要让传统的零距离的家访回归，拆除家校间无形的墙，首先，要从方法上把传统的家访与现代教育理念、现代信息技术结合起来，通过线上与线下相结合，实现基于"互联网＋大数据"的家访。搭建网上家校互通平台，利用班班通、QQ、微信等通信工具，积极开展微信、视频等家访，让家访没有距离、没有边界。其次，从内容上改变传统的送成绩单式、告状式家访，不仅要送爱心、送温暖、送喜报到家，更要送理念、送政策给家长。再次，从形式上改变集中式家访模式，因事因生开展个性化家访，不仅仅教师进家入户，也邀请家长进校入班，发挥家长智慧，并激发家长对孩子身上更深层教育问题的关注，这样学校老师和家长也才有进一步对话的可能。一个真正的教育问题抛出来，并非在等待一个确切无疑的答案，而是在收集可能，每一种可能都是对问题的回应，真正的问题并没有预设的答案，它需要老师和家长去思考探索。问题就是这种可能性的敞开，家长因此可以打开思路，和教师展开对话，从而构建家校互联互通的交流渠道。

（四）家长由"局外人"走向"局内人"

《学校发展纲要》明确提出："学校教育的历史使命和社会责任应该是：教育孩子，团结人们，引领社会。"我们认为，教师、学生、家长、学校管理者、社区以及其他关联方的良性互动，共同形成学校教育共同体。知识、技能的传递，不仅仅是单向地由教师指向学生，也不仅仅是单向地由上一代指向下一代，教育共同体中的每一位成员都有机会或可能成为知识、技能的传播者和接受者。教师、学生、家长、学校管理者、社区以及其他关联方的良性互动，有利于营造一个科学、专业、绿色、可持续发展的健康生态。鉴于此，学校成立校级家委会，积极打造教育共同体。学生校服选购，家委拥有发言权；规范办学行为，家委进行监督；课堂教学，家长观摩提意见；维持交通秩序，家长共同参与；定期召开家委会，把家长请进学校，参与校本课程开发和实践；创造机会，让家长之间共享良好的家庭教育经验；邀请家长参与学校的决策、监督和评价……家委会由家长和教师共同参与，以最大限度地发挥家长的主动性和创造性。在履行最高管理者职责的同时，与学校保持良好沟通,促进委员会和学校工作全面健康发展。我们在学校 FSC (家庭、学校和社会创意联合委员会)层面下又向纵深发展,成立了年级 FSC 和班级 FSC,这样就可以使 FSC 形成一张巨大的可生长的生态系统网络,它能够有一种横向的生长力,也有一种纵向的扎实基础,从而来助推学生的发展,促进他们的成长。

对于家长而言,参与委员会工作的重点不是帮孩子做什么,而是由"局外人"走向"局内人",真正走近孩子,深入孩子的学习和生活,真切体会理念,与学校共同教会孩子做人做事的基本道理。在整个 FSC 共谋发展的过程当中带给所有人全面发展,在整个 FSC 的文化创生过程当中从最直接的利益共同体进阶到了具有精神共助、智慧共振的生命共同体。

四、家校合作共育——激活教育磁场

家校合作共育是指通过建立和发展家庭、学校和社会多方教育主体新型合作伙伴关系,拓展教育教学资源和条件,影响并改善家庭、家教和家风,实现家庭、学校和社会的协调发展。家校合作共育需要一定的平台和载体。近年来,我们学校积极搭建家校合作平台、拓展共育空间、畅通交流渠道。积极打造三类共同体:家庭教育指导师、班主任、智慧家长;探究四面平台:家规与家风、陪伴与阅读、习惯与引领、问题与呵护;盘活五个学习群:指导师群、班主任群、智慧家长群、年段学习群、班级学习群。

(一)经验型家长论坛

我们请在家庭教育中有经验的家长在年级家长会、班级家长会、学校各级各类现场活动进行互动和交流:如创建"书香家庭"的阅读沙龙,把创建的经验与老师和家长们分享;"我的育儿经验"是我们家长学员学习后的作业。"学生成长手册""家教家规"的实施是我们学校在综合评价方面的又一项探索,通过一个阶段的实施,我们请来家长进行现场指导和经验分享……为了使亲子课堂顺利进行,不同年级都安排有家庭教育指导师,维持教学秩序,协助开展讲座等工作。这些活动吸引了很多家长参与进来,学校由此变得柔软、有温度、可触摸,让家长乐于接受。

(二)专长型公益讲座

学校利用可容纳 400 多人的阶梯教室作为家长学校的固定大课堂,组成家长课程开发小组，培养一批校内家庭教育专家，有计划地按年级、分层次地安排专家进校园开展讲座咨询活动，广泛传播家庭教育知识，大力倡导实现教育角色和教育方式的转变，帮助家长解决家庭教育中的重点、难点问题。家长学校开班提前通知，做到定时间定内容，这样家长可以根据需要、根据工作时间，合理安排。如：低段——7～8岁儿童心理、行为特点，帮助孩子过入学关的方法；中段——9～10岁儿童的心理、行为特点，中段学生良好行为习惯的强化巩固；高段——11～12岁儿童的心理、行为特点，高段学生的心理辅导，中小衔接的心理准备。我们通过多重渠道与家长对话，在合作与交流中增进彼此的理解并形成共识。共话家长关心、老师头疼的话题，共话家庭与学校以及社区的有效衔接，共话社会热点问题，共话孩子持续发展……一堂堂公益讲座，一节节真实的课堂，缓解了家长的心理焦虑，提供了有效的教育方法和策略。这对协同开展教育、解决家庭教育矛盾起到了很好的作用。

（三）义工型家长服务

在我们学校各班的家长义工队伍中，有一支稳定而核心的义工队伍，那就是各班的家委会组织。有很多的家长时间比较自由，他们有大把的空余时间可以自由支配，而且大部分家长对学校的工作都比较支持。所以，后勤服务式的家长义工比比皆是，只要班主任一招呼，就可以网罗很多的家长参与到学校的服务中来。比如，我们学校位于城关地区中心地段，上下班高峰期交通比较拥堵，由各年级家长代表组成的"护校志愿队"，开始了每天放学后维持秩序和交通安全护送路队的任务。他们每天佩戴好绶带，在自己的执勤时间段协助学校值勤人员在校门口维持交通秩序，保证学生上放学交通安全，俨然成为校园一道亮丽的风景线。比如，我们学校活动纷呈，每项活动都需要教师花费很多的时间和精力去组织策划，所以在这种时候，家长义工团的成员就可以发挥很大的作用。在艺术节的时候，各班的家长义工就会走进班级，帮助进行化妆、服装准备，还当起了节目评委，有的甚至还担当起了节目排练工作。在学校开展研学之旅的时候，家长义工就会帮助老师带队，协助进行班级管理。这个强而有力的后盾，为老师减轻了许多负担，也更能增进家长对学校的了解，密切了大家的情感交流。

家校合作共育的优势，就是能够实现家庭、学校、社区资源的共享互补，把有关各方面资源进行多种组合，为学生成长提供更加宽广的空间和可能。在资源共享上，家庭、父母向学校开放，成为教育中的人力资源、生活资源乃至补充部分的财力资源。我们通过引导家长为学校教育提供观念和资源支持；把家长请进学校，参与校本课程开发和实践；创造机会，让家长之间共享良好的家庭教育经验；邀请家长参与学校的决策、监督和评价等方式，开发和利用家长的资源，从而促进学校、家庭、教师、家长的合作共赢共进。

五、家校合作共情——让教育服务千家万户

以《教育部关于加强家庭教育工作的指导意见》为纲领，学校把家庭教育纳入社会公共服务体系。作为教育重点工程，顶层设计、政府主导、整体推进，是家校合作的特色；有经费、有队伍、有基地、有教材，是家校合作的"家底"，促进家庭教育工作切实惠及千家万户。

（一）家长成长，助力"大家学园"建设

我们学校以构建"有温度"的家校育人共同体为目标，用"五个一"工程手把手带动家长成长：一周至少面对面和孩子认真坦诚地交流半小时，一学期至少读一本家庭教育书籍，听一次家庭教育讲座，交一本家长课堂笔记，分享一次家长读书沙龙活动，全部完成可以参与学校的"智慧家长"评选活动，每年"六一"节评选表彰积极参与学校管理的家长委员会成员、智慧家长及书香家庭，举行优秀家委、智慧家长、书香家庭颁奖典礼，父母和孩子携手走上领奖台，让孩子和家长分享这份荣誉和喜悦。学校创设全员、全面、全程育人的良好环境，让教育改善家庭，让家庭助力教育，构建校内外心心相印的有温度的教育共生体。家校合作由碎片化走向集约化、由分散用力走向整合推动，日趋常态化、制度化、规范化，必将推动家长参与教育的行为由被动到主动，实现学有良校、家有良教。

（二）亲子活动，助力学校"感恩教育"

古希腊某位哲人曾说过："感情是由交流堆积而成的。任何一种感情的升华都有赖于交流。"血浓于水，亲子之情虽是与生俱来，但由于现代社会竞争的日趋激烈，曾几何时，亲子间的接触不再像往日般频繁。如何增进家长对孩子的了解，促进家长和孩子、家长和学校之间更为亲密的接触呢？我们的做法是通过开展各种各样的活动来增进彼此之间的情感交流，

图 6-1　2019 年六一节优秀家长颁奖活动

从而达到促进孩子发展、增进家校沟通的目的。

比如，在三八妇女节期间，学校启动孝敬长辈"五个一"体验活动，让学生给女性家人一个不少于一分钟的拥抱，洗一次脚，送上一份自己制作的礼物，说一句暖心的话，分担一次家务劳动；在母亲节来临的时候，学校又让每个孩子亲手制作了一张贺卡，写上祝福的话，送给自己的母亲；通过这些活动的开展，让孩子们学会孝敬，乐于感恩。比如六一节那天，开展亲子游园活动，通过让家长和孩子一同开展亲子游戏，共同迎接六一节的到来；让家长和孩子齐动手，共同完成水果拼盘的制作。通过这些活动，我们的大小朋友们，都洋溢在快乐无比的氛围中。立身以立学为先，立学以读书为本。学校重视学生的读书工程，为培养孩子的阅读习惯，我们还向全体家长发出倡议，倡导家长和孩子共读一本书，共创"书香家庭"，让家长做孩子读书的榜样，让家长和孩子共享阅读的美好时光。

（三）"小手拉大手，齐步共前进"

"教育一个学生，带动一个家庭，影响一个社区，文明整个社会。"这是学校教育的宗旨。为达到学生、教师、家长共同受教育，共同提高素质的目的，学校开展"小手拉大手"活动，通过"小手"的主人翁意识、社会责任感、良好的品德和行为习惯，将公共文明行动辐射各家各户，用自己的文明卫生行为影响家长、影响社会，带动"大手"争当文明家庭，争创文明城市。

如学校开展"小手拉大手,共筑碧水蓝天"系列活动,引领广大学生带动家庭积极参与节能减排,争做环保小卫士,倡导以文明、节约、绿色和低碳为主题的生产方式、消费模式和生活习惯。通过"小手拉大手"垃圾分类减量、绿色出行齐步走、低碳生活我们先行、植绿护水齐动手等活动,提高学生及家长的绿色环保意识,也为创建环保校园打下了坚实的基础。

全区新一轮创建全国文明城市工作启动后,学校以"从我做起,带动全家,拉动社会"为思路,开展"小手拉大手、共创文明城"演讲、征文、主题班队会等系列活动,动员学生争做文明言行的传播者、争做文明城市的监督员,对影响城市形象的不良行为进行劝阻和监督,共同维护美好家园。一生带一户,一校带千家,把文明带进家庭、传向社会,实现一个孩子带动一个家庭,一所学校影响一个区域的以点带面效应,让文明在社会各处彰显。

在突如其来的新冠肺炎疫情的防控工作期间,学校开展"小手拉大手,家校共防控"活动,号召全体学生通过小手拉大手向家长宣传正确防护知识,减少出行,避免到人群聚集的公共场所。孩子与家长积极响应号召,在家准备朗诵的视频录制、学唱抗疫歌曲、制作手抄报等活动,致敬最美"逆行者"。小手拉大手,家校齐战"疫",拉起了共同的社会责任,通过孩子影响大人,大人引领孩子,家校齐心合一,共同构筑群防群治抵御疫情的严密防线!

大手拉小手,小手也拉大手,一起成长,这便是教育的意义!

家如清晨旭日,给予孩子温暖和陪伴;校如雨露养料,滋润孩子美好的内心世界。唯家校携手合作,方能让孩子在四方天地中自由呼吸。家校合作——打开校门做教育。借外力冲击,在平稳中创造沧海之变。让教育从自我封闭的孤独堡垒,变成千帆竞发的澎湃海港……这并非痴人说梦,而是已经成为千百万新教育人每天的行动。

第二节　社区化学园,共建共享的学习乐园

20世纪30年代,陶行知伴随"生活即教育",提出"社会即学校"。他把杜威的"学校即社会"翻了半个筋斗,即"社会即学校",因为在"学校即社会"的主张下,学生学习的东西太少,而且与社会生活是脱离的,就好像把

一只活泼的小鸟从天空抓来关在笼子一样，把社会生活搬进学校，学校的空间并没有扩大。"社会即学校"就大大增加了教育的素材、方法、工具、环境。学校和社区有着许多联系和共同的利益需求，两者的沟通与结合是发展的必然趋势。

即学校通过与社会生活相结合，不仅要"运用社会的力量，使学校进步"，而且要"动员学校的力量，帮助社会进步"。陶行知主张对传统学校进行改造，要根据社会发展之所需，动员社会广大群众，在社会中创办新型学校，将学校和社会打成一片，达到改造社会的目的。他强调："不运用社会的力量，便是无能的教育；不了解社会的需求，便是盲目的教育。"这种学校与社会的互相渗透，就是"自然而然地运用社会的力量，以济社会的需求"。"社会即学校"延伸了学校教育的内涵和作用，批判了传统学校与社会脱节、教育与生活脱节的现象，将社会作为学校，从而使教育的内容、方法、工具和环境大大增加，有利于扩展学生的知识面，提高学生的能力。

另外，"社会即学校"的含义，即社会是生活的场所，亦是教育的场所，社会离不开学校，学校更不能脱离社会。整个社会的活动，都是教育的范围，教育可以是书本的，但若与生活隔绝，其力量极小。以生活为教育的对象，教育的力量才能伟大，方不至于偏狭；以社会做学校，教育的材料、教育的方法、教育的工具、教育的环境，都可以大大增加；学生、先生也可以更多起来，任何人都可以互为师生，扩大增加教育之人、事、物范围，以认识社会。

教育是对未来的美好储备。在当今的互联网时代，学校又会发生怎样的变化呢？未来的学校将变革为学习中心，它可以是网络型的，也可以是实体型的。这些实体型的学习中心，有的是从现在的学校转型而来的，有的是从现在的各种培训机构、社会教育机构转型而来的。未来的学习中心不再是孤岛，而是彼此连接的环岛。未来的学生，不是像现在一样只在一所学校学习，而是在不同的学习中心学习。

未来的学校就是建立以学生为中心的教育社区。在以学生为中心的教育社区里，处处都是教室，时时都能学习。互联网技术已经为打破这样的格局提供了可能性。在不远的将来，无论身在城市还是乡村，人们都不必每天按时去学校，他们大部分时间是在家里或者在学校的图书馆、学习室等，通过网络学习、团队学习，自己解决学习过程中遇到的大部分问题。在这样的学习中心，学生完全能够做到一人一张课表，而且随时调节学习内容，没必要在不同教室之间行走。

人们不必按部就班地学习各门课程。学生的学习,可能不再需要专家、学者为他们提供完整的知识结构,在完成最基础的知识建构后,他们更多的是通过自主的学习,建构能满足自己需要的个性化知识结构。在这样的学习和建构中,课程、学分、学历、学校等都不是最重要的,唯一重要的是"我们学到了什么、我们分享了什么、我们建构了什么、我们创造了什么?"

这样,传统的学校被以学习为中心的社区所取代。所谓社区,指空间关系和人际关系。人际包括学生、教师、家长、邻里、朋友、专家等以学生为中心的人际互动立体网络。空间不仅包括学校所在的街道和小社区,也包括整个城市甚至更广范围的大社区。未来的学校会变为学习共同体,由一个个网络学习中心与实体学习中心共同构成一个学习社区。所谓共同体,当然是拥有共同愿景、共同价值观、共同追求的一群人。学习共同体与现在的教育集团不同,学习中心是具有区域文化与个性特色的一个个学习机构。未来学习共同体中的教师来源与角色也有很大的变化,部分教师仍然是国家聘任,部分教师是自由职业者,部分教师由课程公司委派,教师将成为学生的成长伙伴。

指向未来的大家学园,即未来的学习中心,是一个开放的体系。未来的一个小学生或者一个中学生,甚至一个大学生,他可以在这个学习中心学习数学,在那个学习中心学习艺术,然后在另外一个学习中心学习科技,而且学习中心可以是跨区域甚至是跨国界的。在未来的某个时候,学生再也不需要按部就班、整齐划一地出现在同一个校园、同一间教室,学习的时间完全由学生自己决定,学习的内容完全由学生自己选择。未来的学习中心,可以在社区,也可以在大学校园,未来学习中心的课程有内在的逻辑,将指向人的生命与真善美。所以,以生命教育为基础,以知识教育、公民教育、艺术教育为支柱的课程体系将逐步清晰。课程不是杂乱无章地堆砌,不是开设得越多越好。即使学生定制与自主选择,从人的发展与社会发展的双重逻辑关系来看,无论是国家的课程基准还是各个学习共同体的课程设计,都会进一步按照生命教育与真善美的方向整合。

未来的学校,将成为集中优质资源、汇聚美好事物的中心。唯有开放学校,将其置于社区之中,让这个社会最前沿的声音与变化在最短的时间内反馈到学校的教育设计中,使其成为学生可以触摸和体验的课程与学习,并培养他们面向未来的核心能力,学生才会一点点接近美好的未来。丰富自我,敞开胸怀,是学校与社区对话的开始,也是将社区融入教育共同体的开始。

学校向社区开放资源，社区为学校提供发展动力，学校与社区互相沟通、双向参与，使社区在推进自身的发展与居民终身学习的需求上获得了学校的支持，同时又为学校的生存和发展提供了保障与合作。汇聚社会力量，邀请各部门各机构参与，专业团队加盟，建立教育共同体，良性互动，形成社会合力，共谋共建、共促共享，营造一个科学、专业、绿色、可持续发展的健康教育生态。

一、教育发展促进会

我们成立了家长参与学校教育的发展促进会，让家长作为学校治理的主体成员参与学校建设。通过这些委员会建立学校与社区的互动机制，使其成为学校与社区之间的纽带和桥梁，为学校创建良好的外部发展环境，并在学校教育大课程观的背景下，拓展学生真实学习的机会和可能。

正是在这样的理念的指导下，我们于 2019 年 5 月成立了城中小学教育发展促进会。促进会的宗旨是：促进家庭教育与学校教育相互合作，发挥彼此的优势，建立合作的伙伴关系。促进会的首要定位是：在教育孩子的过程中，成人也需要同学习、共发展。教育发展促进会由家长和教师共同参与，实施轮值主席制，以最大限度地发挥家长的主动性和创造性。轮值主席主要负责促进会的发展战略和制度建设，不具有独立决策权，在履行最高管理者职责的同时，与学校保持良好沟通，促进委员会和学校工作全面、健康发展。

二、邀请社会各部门加盟教育

长期以来，社区在教育中的作用也没有得到足够的重视，过去学校几乎"包办"了教育的一切，提供了全部教育资源，学习活动主要发生的地方也在学校。未来学校，这个格局将被彻底颠覆，学校不可能包揽教育的全部内容，教育资源的提供者将更加多元开放，学习活动发生的场所也不再局限在学校。尤其是社区的图书馆、博物馆、科技馆、电影院、剧院、青少年活动中心等，都是非常好的教育资源，都对学生的成长起着非常重要的作用。

一所存在于社区中的学校，意味着学校要和社区创造更有效的沟通与合作模式，让资源流动起来，让信息共享，以设计更有效的校园学习场景来促进真实、有深度的学习的发生，因此，让社区资源与家长智慧参与学校建设，让学校与社区相融（见表 6-1），是一所面向未来的学校的必然选择。

表 6-1　社会各部门进校开展宣传教育活动安排表

单位名称	内容	时间
城关派出所	校园法制宣讲、安全知识讲座	1 月
区禁毒办	禁毒讲座	3 月
区文联	我和阅读的故事	3 月
区图书馆	汉字听写大赛	4 月
交警支队	交通安全讲座	4 月
海岛研究中心	海岛科学知识讲座	5 月
食品监督管理局	食品安全讲座	5 月
区妇联	文明家风、敬老尊师	6 月
区卫计局	健康科普讲座	9 月
平潭隔检中心	珍稀动植物科普讲座	9 月
平潭蓝天救援队	防踩踏、防震减灾讲座	10 月
区人民法院	普法教育、防校园欺凌讲座	10 月
区地震办	防震减灾讲座	11 月
区消防支队	消防讲座	11 月
区市政园林公司	环卫宣传教育	12 月
区检察院	法制讲座	12 月

而以人工智能为代表的技术变革让学校、社区与社会的深度融合成为可能。一所面向未来的学校不可以回避学校的开放性。学校是各种资源的聚集地，应逐步建立大资源观，走进社区发现资源，进入社会筛选资源，就地取材……资源。学校不仅要受惠于社区，更要反哺社区，利用各种方……学校的理念，并与社区居民一起为之努力。

……中小学联合平潭法院举办了"小小法官"听证会，加强了法……树立了学生的法制观念。法院通过本次对青少年的普法教育，更加……了未成年法制思想教育的重要性。培养遵纪守法的好公民，要从娃娃抓起。

附：

※ 庭审旁听 一种别样的教育方式
——红扣子工程之与法院合力教育

近几年来,在不断曝光的未成年人恶性犯罪案件中,"小恶魔"气焰之嚣张、心态之冷血、作案手段之残忍,践踏了人们对未成年人认知、包容的底线,也考验着当前中国社会治理体系。未成年人犯罪低龄化造成的消极影响颇多,未成年人走向犯罪深渊,一方面影响着一个家庭的幸福指数,另一方面是对受害人及其家庭的毁灭性打击。其间暴露的问题是多方面的,家庭教育、学校教育、社会风气等多方面的因素影响着青少年的成长。

对于未成年人犯罪,由于该年龄段的孩子逆反心理强,传统说教式的法制教育方式收效甚微。在探索法制教育方式的过程中,为了丰富教育载体,整合资源,形成法治教育合力,我们学校一直致力于盘活各方的教育资源,让家庭、学校、社会三方形成教育共同体,构建"红扣子"工程(英文为FSC)。通过"红扣子"工程,合力资源,共建共促共享教育生态对社会文明的促进与孩子健康成长的托举。学校与区法院合力教育,采用了"请进来"和"走出去"的模式,每个学期不仅请法官们到校开设法制讲座,而且还组织学生参与少年法庭庭审旁听活动,学生走出课堂,通过旁听让学生亲历审判过程,接触真实案例,开展青少年法治警示教育,不断提高青少年的法律意识。

庭审旁听增强学生的法制意识

"纸上得来终觉浅,绝知此事要躬行。"平时再多的言语教育都不如来次"零距离"的感受来得震撼。邀请学生观摩庭审现场,这种"请进来旁听"的活动形式,让孩子们感受到法治教育不是简单的空洞的说教和被动的知识灌输,它让同学们更直观地感受法律威严,更深刻地认识犯罪危害,具有较强的警示教育意义。学生们通过旁听庭审,观摩法庭调查、法庭质证、法庭辩论和最后陈述等整个案件审理流程,对国家法律、刑事审判程序有了深刻的认识,这种教育形式更具体、更真实、更震撼,提高了学生遵纪守法和抵御不良风气影响的能力,让法律的阳光伴随他们健康成长,让同学们在以后的生活里能够遵法、学法、守法、用法。

庭审旁听培养学生的责任意识,提高自律能力

学生参与庭审旁听,亲眼所见看到法庭上的法律工作角色以及戴着手铐的被告人,亲身接触法庭、感受法律,要比书本的法律知识教学和老师的苦口婆心更加直观、真实、威严和神圣。俗话说百闻不如一见,近距离地到庭审现场旁听庭审过程,将课堂转至法庭,以案说法,能更为直观感受到法律的威严,进一步增强青少年学生的法制意识、公民意识和责任意识,让学生们"零距离"接受法制教育。

同时通过"零距离"释法,让学生能亲身直面地感受到犯罪所带来的成本有多高,让他们深切地感受到,一旦犯下了罪行,需要承担的责任有多重。庭审中的活生生的案例,深刻地反映出了社会存在的问题,同时也成为一个很好的反面例子供学生借鉴,教育学生要以案为戒,从被告人的犯罪行为中增长法律知识,知晓什么事该为,什么事能为,什么事不该为;假如我们不懂法,跟他们就没有什么区别,现在是法制社会,"法"在我们身边无处不在,当我们遵守法纪的时候就觉察不了它的存在,其实它无时无刻不在制约着、保护着我们。正因为有了它的存在,社会才会健康有序地发展。而我们只有努力学习法律知识,让"法"融入我们每个人的心中,做一个"四有"新人,为社会主义事业添砖加瓦。

庭审旁听实现单一向多样教育形式的转变

苏联教育家赞可夫说:"教会学生思考,这对学生来说,是一生中最有价值的本钱!"庭审旁听这样的教育方式比普通的说教有用得多,会让咱们的学生从"纸上谈兵",走向学会理性思考!平时对学生进行法制教育,仅限于观看视频、听听讲座或老师们苦口婆心地说教等等。这种方式比较枯燥、单一。学生总感觉这些知识离他们的生活很遥远,抱着一副事不关己高高挂起的心态来对待这事。但是,最震撼人心、最具有实效的方式莫过于去法院旁听庭审。因为在现场旁听庭审所面对的是社会生活中活生生的案例,这些案例也许就发生在我们周边,也许和我们的生活息息相关。同时看到与自己年龄相仿的,本该和自己一样坐在明亮的教室里上课的人却站在被告席上,会给学生以很强的视觉冲击力和思想震慑力,让人印象深刻。而且庭审的结果无论是胜诉败诉,法官的以案释法都会将法治的种子播撒进学生的心灵中,真正起到了教育的目的。

通过走进法院,让孩子们零距离感受庭审,这种课堂教育向课外教育延伸的别样教育方式,是学校法制教育的一种补充,这种方式更能直观形象地让孩子们从小就培养法律意识,增强自我保护观念,明辨是非善恶,对法律怀有敬畏之心,也有助于孩子们健康成长。当然对孩子们进行法制教育,让孩子们从小养成学法守法、遵法的习惯,不光要靠学校的教育,还要促进社会、家庭、学校的教育形成合力，形成学校、社会、家庭的"共振"效应。既需要家庭学校各司其职，又需要社会有关部门加大宣传和执法力度，增强他们的法制观念，让每个孩子沐浴着法律阳光健康成长。让法制教育，为孩子们的人生保驾护航，为孩子们走向成功提供条件，为孩子们的人生篇章增加色彩。

三、组织开展合作共建基地

在学校工作领导小组积极努力下，一年来，我们学校的学校社区共建工作取得了一定的成绩（如图 6-2 所示），以警校共建、家校共建、馆校共建为主体的学校社区共建工作进展顺利，为今后更好地落实学校社区共建工程工作目标，努力打造平安和谐校园，为平潭教育、经济的发展和社会的和谐稳定发挥应有的作用。

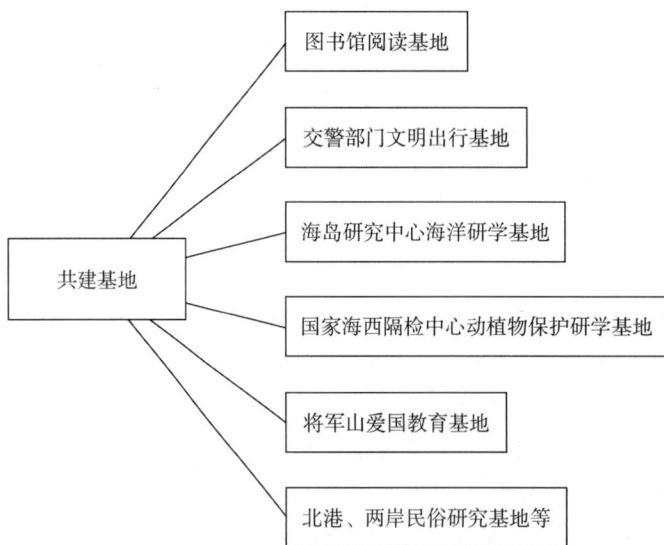

图 6-2 与各部门共建基地

（一）领导重视，健全机构

结对共建活动是文明创建工作中的一项重要内容，也是创建文明单位的基础性工作。为此，我们定期召开联席会，与所结对共建居委会宝湖社区分管领导共商结对共建活动,为双方文明创建工作提供积极有效的帮助。

(二)多部门共建工作取得重大突破

在有关部门的大力支持和配合下,我们学校与多部门开展共建工作取得了良好的效果。如,与平潭城关派出所警校共建,设立了法制副校长岗位,建立了警校共建制度,我们多次邀请法制副校长,到学校为师生作报告,配合学校做好问题学生的教育转化工作,有力地加强了学校法制教育的力度,维护学校的正常教学秩序,为学校创造一个良好的教学氛围。与平潭图书馆成为阅读共建单位,孩子们凭着读者证可以到图书馆借阅图书,在校门口建设"城市书房",图书馆提供图书给孩子们阅读,面向学生社会开放。孩子们利用馆校阅读基地,品读经典滋养人生。与区书法家协会共建,一切从学生出发,整合资源提供书法教育发展的平台和机会,促进学生书法技能、习惯、修养的提高。

学校成立社区共建工程工作领导小组,充分发挥其作用,定期召开会议,积极与家长取得联系,通过举办家长座谈会、发放《致家长的一封信》等多种形式,让他们及时了解学校的办学理念、办学思路和教学教育情况,虚心听取家长们的意见和建议,帮助并指导他们进行科学的家庭教育。家校共建工作开展得扎实有效,家长和社会对这项工作给予了很高的评价。

(三)学生进社区活动

学校不仅是教育活动的组织机构,还是社区的文化中心和文明引擎,家庭不仅是亲缘关系的社会单元,还是孩子的课余学校和亲子乐园,社区不仅是区域生活的共同空间,还是孩子的第二课堂和实践基地。所以,我们要求每位学生必须是社区志愿者,用自己的微薄力量服务社会,引领文明;而在学生进入社区学习实践的那一刻,他们也在用自己的行动潜移默化地影响着周边的成年人,形成小手拉大手,全民共成长的磁场效应。如表 6-2 所示,每月均有开展师生进社区活动安排:开展"尊老、敬老、爱老"活动,传承尊老敬老美德;到社区清理环境,树立环保意识;到社区广场义务写春联,传播传统文化;进入各部门参观,培养公民责任意识与服务社会意识等。

表 6-2　师生进社区活动安排表

时间	地点	人员	内容
1 月	如意社区	书法社团	义写春联、赠送春联活动
2 月	宝湖社区	六年级管理社团	"过春节、闹元宵"联欢活动
3 月	安心敬老院	少先队大队干部	"学雷锋、送温暖"关爱老人活动
4 月	烈士陵园	四年段师生	"缅怀革命先烈"祭扫烈士陵园
5 月	将军山	五年段师生	"传承红色基因，争做时代新人"红色之旅
6 月	宝湖社区	校级家委及二年级师生	庆"六一"亲子游园活动
7 月	政府路附近	五年级管理社团	"小手牵大手，你我共成长"交通安全宣传活动
8 月	海渔广场	五年级师生	"关爱岚岛，爱我家乡"环保活动
9 月	区图书馆	校家委及一年级家长、学生	"共读一本书"亲子阅读活动
10 月	禁毒教育基地	六年级师生	"拒绝毒品"禁毒教育
11 月	海西动植物检疫中心	四年级师生	"探索自然之美"研学之旅
12 月	万宝公园	五年级师生	创建文明城市宣传志愿活动

从未来教育的发展来看，家庭和社区在教育中扮演的角色会越来越重要，把家庭、学校和社区三者联系在一起，使三者的关系更加和谐统一，借助学校，能够帮助家长改善家庭教育环境，并且促使家庭教育与社会大环境协调。另一方面，家长对学校教育也将形成科学的反馈和监督作用。因此家校、社区合作是教育发展的必然趋势，也是一项关系到教育成功与否的大措施。当然，学校教育、家庭教育和社区教育都有各自的优势和局限性，从一定意义上说，这些局限依靠其自身的力量是难以克服的。所以，我们发挥家庭教育的优势来弥补学校教育的不足，通过学校教育来指导家庭教育和社区教育，最终使家庭教育和社区教育再来支持和强化学校教育，这种优势的相互利用、相互促进，体现了家校、社区合作的重大意义。

接下来，我们将进一步完善优秀家长学校和社区教育的建设规划，充分发挥家长学校和社区的资源，创建推广三位一体德育教育的优秀成果，扎实推动我们学校家长学校、社区教育的良性互动发展。"人人都是教育者,人人也是受教育者",久而久之,这种合作力将会形成越来越大的磁场,影响着周边乃至更多人的学习力与综合素养——"让教育像呼吸一样弥漫于整个宇宙",那么,"教育为公已达天下为公"的愿景将不再遥远,大家学园大家乐园的美好生活必将快步走来。

　　这不仅是我们的梦想,也是我们的职责,因为对教育者而言,目标很明确——这个世界,因我们的存在而愈发美好。

参考文献

[1]刘铁芳.教育：唤起美好事物的欲求[J].大学教育科学,2016(3):23-29.

[2]刘可钦.大家三小——一所学校的变革与超越[M].北京:中国人民大学出版社,2018.

[3]孙茂安.关于学校、家庭、社会"三位一体"教育合作的思考[J].中国校外教育:中旬,2016(10):16,19.

[4]张贵勇.读书成就名师:12位杰出教师的故事[M]北京:教育科学出版社,2013.

[5]吴昌顺.明师心语[M].北京:人民教育出版社,2003.

[6]林高明.我们为什么提炼教学主张[J].今日教育,2015(11):41-43.

[7]王殿军.疫情教育如何变革[N].中国教育报,2020-04-30(11).

[8]叶翠微.疫情下的冷思考:寻找更有意义的教育[J].中小学管理,2020(4):29.

[9]唐彩斌,孔慰.未来小学课程的六大转向[J].新课程评论,2020(6):22-30.

[10]赵潇.开发创造力:肯·罗宾森教育旋风[J].发现,2015(11):52.

[11]中小学书法教育指导纲要[EB/OL].(2013-01-18)[2020-09-10].http:www.moe.gov.cn.

[12]许小刚,贺卫.解字作书,通文立德——书法特色文化建设的校本实践探索[J].江苏教育研究,2018(7):82-85.

[13]朱永新.推广阅读,"新教育"在努力[J].中小学管理,2014(7):22-23.

[14]朱永新.我的阅读观[M].北京:中国人民大学出版社,2012.

[15]杨映华.小学阅读习惯和阅读方法的培养[J].甘肃教育,2006(04B):24.

[16]蒋军晶.群文阅读.阅读教学的跨越式变革[J].小学语文教学,2014(10):78.

[17]章永生.教育心理学[M].石家庄:河北教育出版社,1996.

[18]呼玉山.激发阅读兴趣　提高阅读能力[J].教育实践与研究,2002(10):59-60.

[19]安恩平.阅读教学中的探究与实践[J].教师教育科研,2006(5):21.

[20]刘辉.营造书香校园　唤醒阅读兴趣[N].鄂尔多斯日报,2007-03-30(6).

[21]刘颂堂.创新阅读教学的有效策略//江苏省教育学会2006年年会论文集(文科专辑)[C].2006.

[22]义务教育语文课程标准(2011年版)[M].北京:北京师范大学出版社,2012.

[23]周兢.早期阅读发展与教育研究[M].北京:教育科学出版社,2007.

[24]彭懿.图画书:阅读与经典[M].南昌:21世纪出版社,2007.

[25]朱永新.未来学校[M].北京:中信出版社,2019.

[26]朱永新.未来学校的曙光[J].北京:中国教育学刊,2016(2):1.

[27]杨四耕.迈向3.0的学校课程变革[J]中国教师,2016(22):64-67.

[28]张帝,陈怡,罗军.最好的学习方式是去经历:研学旅行课程的校本设计与实施——以重庆市巴蜀小学为例[J].人民教育,2017(23):19-24.

后　记

今日，我们为自己读诗

今日，我们为自己读诗
三尺讲台，我们已站满半辈子
黑发泛白，容颜已衰
然而，我们依旧步履坚实
只因手中，是人民赋予的无上荣光
立德树人，点亮未来

今日，我们为自己读诗
极速网络，半截粉笔

一方课堂,莘莘学子
我们从容淡定,挥洒激情
播种梦想,传递知识
看,广袤的大地
缤纷的种子绽放七彩

今日,我们为自己读诗
诗句中,我们披星戴月
奔忙在千门万户的需求前
诗句中,我们伏案熬夜
陶醉于孩子们日记的丰富里
诗句中,我们深情演绎童话经典
告诉孩子们野百合也有春天的故事
诗句中,我们精疲力竭地回到家里
愧疚地对家人道一声
对不起,工作忙不完啊

今日,我们为自己读诗
我们庄严地告诉自己
我们是老师

我们不只是园丁
我们愿意与孩子们一起成长
雨露滋润,花开的声音,好美

我们不只是春蚕
我们愿意织网吐丝,化茧成蝶
张开双臂,飞翔的感觉,真好

我们不只是蜡烛
我们更愿意照亮他人的同时辉煌自己
体验生活美丽的旅程,精彩

今日，我们为自己读诗

我们不仅是人类灵魂的工程师

我们更愿是享受生命的引领者

敬业乐教，身正学高

开拓进取，润泽一方

用智慧与激情书写大国良师的幸福

桃李不言，下自成蹊

今日，我们骄傲地对自己说

桃李芬芳，我们自成行

写于 2018 年 9 月 10 日

这首小诗是教师节时跟团队们一起诵读的。教育，需要一群仰望星空的伙伴。也许我们不够优秀，也许我们尚缺专业。然而，我们很认真地行走着，因为，我们是中国教师。我们满腔热忱地拥抱美好的新世界。

2020 年，突如其来的新冠肺炎疫情给全世界带来了灾难，也加速了教育变革的步伐。未来，成了教育部门与学校管理者理性思考的中心词。网络教育的提前试水，线上线下双轨道教育的有效融合，关注自然、呵护健康的生命教育的重塑与拓展，个体成长与社会责任的公民素养提升……未来，在逼视我们迅速行动。但是，请不要慌张。我们看到的是未来的无限可能。

首先，大数据时代的教育空间在无限扩展。网络的兴起，打破了原有学习空间的局限性，坐在家里一隅便可以浏览全世界的各种信息，倾听到最先进最优质的课程资源，若你有技术有能力，也可以在各大平台展示你的学识与创造。所以，面对科技，学习是我们唯一的筹码，从校长到老师，我们没有理由不做学习的领跑者。学习新信息时代的育人观，思考未来的公民必须具备哪些素质：学识、素养、品德……从现在起，我们将这样的素质提前植入。因为，未来的校园应是大家的学园，终身学习的概念将成为大家的行为，从学生到老师，从校长到家长，信息时代的价值取向、科技发展、资源共享让我们需要不停步地探索。只有这样，学校方是知识与智慧的源泉。

其次，未来的学校，教育合伙人的队伍将不断扩大。教育不再是学校或教师的专属。政府、家长、社区、各种教育机构、各类行政及专业部门都会成为教育的合伙人，引进资源，盘活资源，让所有人士形成共识——唯有教育,方是一个国家一个民族兴盛的基石与风向标。

陶行知先生有过这样的教育理想——要把教育与知识变成空气一样,弥漫于宇宙,荡涤于乾坤,普及众生,人人有得呼吸。这形象地指明了共建共享教育对于全民素质提升的重要意义。在这个空间一体化、资源多样化的信息世界中,全域教育的美好时代已呼啸而来。

最后,我在猜想未来的学习方式。伊藤穰一、杰夫·豪在《爆裂:未来社会的9大生存原则》一书中深刻指出:这就是指数时代,它已经为我们所处的时代创造了三个定义条件:"不对称性""复杂性""不确定性"。未来,深度育人学习、跨学科融合学习、自主和合作学习必然成为趋势,越来越多元的学习方式会把正式学习和非正式学习融为一体。随着学习方式的转型,未来学校也会转向私人定制模式。学生可以用最适合自己的方式进行学习,每一个学生都能切实享受到量身定制、因材施教的教育服务……在无限可能的未来面前,我们需要变革与思考的地方太多太多,我们需要并肩奋战,共同探索未来的学习方式,共同创建未来学校。

未来已来,然而,无论如何,未来一定是可期的。而且,未来的核心,是关注生命发展,培养有责任感、有担当的公民,唤醒我们对美好生活的理想追求与创造能力,这是永恒的。这样的教育,才是最美妙的理想生态。所以,请您勇敢握紧学习之钥匙,拥抱未来之美好。

最后还是要特别感谢城中小学的教师团队,感谢翁朝红、杨鸿、林爱淋、陈桂珠、吴晓玲、魏琴、林丽云几位老师的协助梳理,以及林立、王芳、陈小红、高梅娇等老师的素材提供。感谢福建教育学院陈曦导师、赖一郎教授与周志平老师的倾心指导。这本书记录了我,一位普通校长从教三十年的感动与思考,其间参考了大量文献,若是有不尽完善的地方,敬请海涵。

林彩英

2021 年 1 月